SV

# BIBLIOTHEK DER LEBENSKUNST

## Iso Camartin
## Jeder braucht seinen Süden
136 Seiten. Gebunden
(3-518-41446-1)

## Jochen Hörisch
## Es gibt (k)ein richtiges Leben im falschen
104 Seiten. Gebunden
(3-518-41491-7)

## Alexander Kluge
## Die Kunst, Unterschiede zu machen
112 Seiten. Gebunden
(3-518-41448-8)

## Hannelore Schlaffer
## Das Alter
Der Traum von Jugend
112 Seiten. Gebunden
(3-518-41492-5)

## Wilhelm Schmid
## Schönes Leben?
Einführung in die Lebenskunst
184 Seiten. Gebunden
(3-518-41207-8)

SUHRKAMP

# Hannelore Schlaffer
## Das Alter

Was ist Alter? Wann beginnt es? Wann ist man alt? »Eigentlich gibt es kein Alter«, schreibt Hannelore Schlaffer, »denn wer alt und glücklich ist, kann sich für jung halten.« Ist man also tatsächlich so alt, wie man sich fühlt? Von der Antike, die ein Lob des Alters sang, bis hin zum Heute der »Selpies« (»second life people«), der »Uhus« (der »Unterhundertjährigen«) und der »Mumienpässe« (der »Rentnerausweise«) sucht die Autorin alle möglichen Figuren und Orte des Alterns auf und entdeckt dabei eine ganze Kultur, die mit der Abwehr von Krankheit und Tod beschäftigt ist. Ernährungswissenschaft, Medizin und Fitneßbewegung gelingt es, Todesangst in Lebenshunger zu verwandeln, und es entstehen neue gesellschaftliche Leitbilder und Statussymbole. Nur eines hat sich wahrscheinlich seit der Antike nicht geändert: »Auch im Alter gibt es zwei Kulturen. Die Art, wie Männer sich das Alter ausmalten und wie Frauen es erlebten und erleben, hat wenig miteinander zu tun.«

Die BIBLIOTHEK DER LEBENSKUNST greift die alte Frage nach der »richtigen« Gestaltung des Lebens auf. Sie versteht sich als eine Sammlung von Reisebegleitern durch unsere Lebenswelten. Die Bibliothek bewegt sich zwischen Literatur und Wissenschaft, braucht keine Fußnoten, schärft die Wahrnehmung, lädt ein zum Denken, macht Lust zum Philosophieren – und auf die Kunst, zu leben.

Hannelore Schlaffer

# *Das Alter*

Ein Traum von Jugend

Suhrkamp

Einbandmotiv:
Ferdinand Hodler. Die Empfindung, 1901/02

© der deutschen Ausgabe Suhrkamp Verlag
Frankfurt am Main 2003
© Hannelore Schlaffer, 2003
Alle Rechte vorbehalten, insbesondere das des
öffentlichen Vortrags sowie der Übertragung durch
Rundfunk und Fernsehen, auch einzelner Teile.
Kein Teil des Werkes darf in irgendeiner Form
(durch Fotografie, Mikrofilm oder andere Verfahren)
ohne schriftliche Genehmigung des Verlages
reproduziert oder unter Verwendung elektronischer
Systeme verarbeitet, vervielfältigt oder
verbreitet werden.
Satz: TypoForum GmbH, Seelbach
Druck: Clausen & Bosse, Leck
Printed in Germany
Erste Auflage 2003
ISBN 3-518-41492-5

1 2 3 4 5 6 – 08 07 06 05 04 03

*Inhalt*

Krankheit und Schönheit   7
Todesangst und Lebenshunger   20
Charaktere:
    Der Staatsmann   35
    Der Großvater   47
    Der große Alte   55
    Der Lebensmüde   61
    Senioren und Seniorinnen   67
Der alte Mann und das Mädchen   75
Die unwürdige Greisin   95
Bibliographie   106
Die Autorin   111

## *Krankheit und Schönheit*

Den 93jährigen Casals erreicht 1970 folgender Brief:

Lieber, hochverehrter Maestro,
 ich habe die Freude, Sie im Auftrage des Georgisch-Kaukasischen Orchesters einzuladen, eines unserer Konzerte zu dirigieren. Sie werden der erste Musiker Ihres Alters sein, dem die Auszeichnung zuteil wird, unser Orchester zu leiten. Niemals in der Geschichte dieses Orchesters haben wir es einem Manne gestattet, uns zu dirigieren, der weniger als hundert Jahre alt war – alle Orchestermitglieder sind über hundert! –, aber wir haben von Ihrem Dirigiertalent gehört und meinen, in Ihrem Falle, unbeschadet Ihrer Jugend, eine Ausnahme machen zu sollen.
 Wir erwarten umgehend Ihre Zusage. Fahrtkosten werden ersetzt. Auch für die Kosten Ihres Aufenthaltes werden wir aufkommen.
Hochachtungsvoll
Astan Schlarba
Präsident, 123 Jahre alt.

Ein kleiner Scherz, wie dieser Brief der Freunde Casals an ihren Meister, sagt viel aus über den Menschheitstraum »Alter«. Was sich jeder wünscht, genießt der Cellist Casals in Fülle: ewige Jugend – und ihm wird, da das Glück der ewigen Jugend gerade darin besteht, daß sie nicht ewig währt, ein sanfter Tod beschieden sein.

Die Jugendlichkeit des Alten und die Freundlichkeit seines Abschieds, der sanfte Tod, gehören seit der Antike nicht nur zu den Idealvorstellungen vom Alter, sondern sind sogar Richtlinien für das Verhalten des Menschen in seiner letzten

Lebensphase: alt zu werden, ohne zu altern, und Abschied zu nehmen ohne Schmerz ist gewissermaßen eine moralische Pflicht. Noch heute unterscheidet die Geriatrie, die sich mit diesem Abschied beschäftigt, aber für seine Verzögerung sorgt, die jungen Alten und die alten Alten, die, die ihr Dasein genießen, und die, die sich zum Gehen rüsten.

Eigentlich gibt es kein Alter, denn wer alt und glücklich ist, kann sich für jung halten. Deshalb fehlen in allen Kulturen, zumindest für Männer, die »rites de passages«, die Riten des Übergangs (wie bei Geburt, Pubertät, Hochzeit), die das Altwerden als einen Eintritt in eine neue Lebensphase zeremoniell begehen und damit einen eindeutigen Abschnitt markieren. Den Austritt aus diesem unbestimmten Zustand hingegen, den Tod, begleiten viele Riten: die Letzte Ölung, der Letzte Wille, die letzten Worte des Sterbenden – sagte Goethe »Mehr Licht« oder »Gib mir dein Patschhändchen«? –, das Begräbnis. Zur Bestimmung dessen, was »alt« sei, bleibt nur die dürre Zahl. Sie wird in der Antike von der römischen Wahlordnung ebenso festgelegt wie von den obligatorischen Feiern zum »runden« Geburtstag in der Gegenwart oder von der Spruchweisheit des »Volksmundes« in der Vergangenheit:

> 10 Jahr ein Kind,
> 20 Jahr ein Jüngling,
> 30 Jahr ein Mann,
> 40 Jahr stille stahn,
> 50 Jahr geht Alter an,
> 60 Jahr ist wolgethan,
> 70 Jahr ein Greis,
> 80 Jahr schneeweiß,
> 90 Jahr der Kinder Spott,
> 100 Jahr gnad' dir Gott.

Ein volkstümliches Spiel mit Quadratzahlen – statt mit Dekaden – stellt Jacob Grimm vor, der seine Abhandlung *Über das Alter* mit einer Wortgeschichte des Begriffs beginnt und alle Redewendungen und Metaphern über das Alter sammelt: »unter unsern vorfahren hergebracht war eine zusagende, progressive berechnung des menschenalters, wie sie ein hausvater den ihn zunächst umgebenden gegenständen entnehmen konnte: ein zaun währt drei jahre, ein hund erreicht drei zaunes alter, ein ros drei hundes alter, ein mann drei rosses alter; hier stehen wir wieder am ziel von einundachzig jahren.«

Die mathematische Präzision, nach der der menschliche Kopf immer strebt, hat sich seit Solons Ode über die Lebensalter zunächst des Siebener-, später dann des Dezimalsystems bedient, um Lebenszeit und Lebensart einander zuzuordnen. Wenn ein Grieche den Beginn der sechsten Lebensphase erreicht hatte, war er 35 Jahre alt, und sein Leben hatte dann die beste und die schlechteste Zeit im Rhythmus der Sieben vor sich:

> Während der sechsten fügt sich sein Geist zu
>                 besonnener Einsicht;
> Nicht mehr ist er geneigt, kopflose Dinge zu tun.
> Dann, in der siebenten Sieben sind Geist und
>                 Sprache am besten,
> Auch in der achten; es währt doppelt so lange
>                 die Frist.
> Noch in der neunten bewährt sich der Mann,
>                 doch werden zu hohen
> Werken und Taten ihm bald Weisheit und Rede
>                 zu schlaff.
> Aber durchmißt er alsdann zum zehnten Mal
>                 sieben der Jahre,
> Nimmer zur Unzeit trifft dann ihn das tödliche Los.

Das Dezimalsystem skandiert bis zum heutigen Tag das Leben durch »runde« Geburtstage. Nicht nur die Vergnügungssucht unserer Zeit, die die christlichen Feste abgeschafft und durch profane ersetzt hat, inspiriert die privaten und öffentlichen Gedenktage. Sie waren einst Stilbildungslehrgänge und sind es bis heute geblieben. Alle zehn Jahre erhalten – wie bei Solon alle sieben – Körper und Geist Weisung, wie sie sich von nun an zu tragen und zu betragen haben. Der Geburtstag ersetzt erst seit dem 18. Jahrhundert den Namenstag. Ihn feiert der säkulare Mensch an Stelle des religiösen. Die Seele, die nach einem Heiligen benannt und Gott zugewandt ist, kommt nicht in die Jahre, der Leib jedoch muß sich der Zeit unterwerfen und knausert, ein Ökonom, mit Tag und Jahr.

Der Körper, um den sich die Moderne mehr sorgt als um die Seele, muß deshalb an jedem zehnten Geburtstag beweisen, wie gesund er noch ist. Ein Jubilar ist nicht krank. Geburtstage sind Feste der Gesundheit, in ihnen lebt die von der Antike entworfene Utopie vom gesegneten Alter fort. Dabei werden in Zehnjahres-, mittlerweile sogar in Fünfjahresrhythmen, dem Gefeierten die seinem Alter entsprechenden Gesten vorgezeichnet. Die Feier soll wie eine Initiation die nächste Lebensepoche eröffnen. Selbst die Geschenke symbolisieren diesen Rhythmus, als sei er naturnotwendig: für den Zwanzigjährigen ist die Reise nach New York vorgesehen, für den Vierzigjährigen der Hometrainer und die neue Frau, für den Sechzigjährigen die Festschrift, für den Achtzigjährigen die Flasche »Gran Riserva«. Diesem modernen Gabentisch gibt Schopenhauer eine antike Prägung: »Von der Venus entlassen, wird man gern eine Aufheiterung beim Bacchus suchen.« Auch das Wiener Heurigen-Lied bleibt hinter der Einsicht des Philosophen nicht zurück: »Wenn man älter wird, / ein bißchen kälter wird, / Schmeckt allein / Nur der Wein.« Im Jahrhundert von Sport und Fitneß drückt ein

Witzwort solche Erfahrung etwas plumper aus: »Spielen Sie Golf, oder haben Sie noch Geschlechtsverkehr?«

Immerhin verbindet sich heute die Definition des Alters über die Zahl hinaus mit einer Art Ritual: der Verabschiedung aus dem Amt. In früheren Zeiten arbeitete man, solange es eben ging. Ohne Markierung blieben die Veränderungen der Natur überlassen, die Schluß machte, wann es ihr beliebte. Das Alter als Lebensphase mit eigenem Inhalt und Betragen wird erst im 19. Jahrhundert erfunden: Altsein gehört zu den spezifischen Erfahrungen der Moderne. Bismarck hat mit der Einführung der Unfall-, Kranken-, Invaliditäts- und Altersversicherung das Alter von einer Naturgewalt in eine Staatsaufgabe verwandelt, zu einer Sorgepflicht, auf die jeder einen Rechtsanspruch hat. (Bismarcks Ruhestand auf seinem Schloß Friedrichsruh wird deshalb selbst zum Gegenstand nationaler Verehrung.)

Bismarck bringt eine Entwicklung zu Ende, die sich im späten achtzehnten Jahrhundert anbahnte und die man als Sieg des Kaufmannsgeistes über das gesamte Leben und vor allem über das hohe Alter gedeutet hat. Der Lebenslauf, bislang durch eine pyramidal angelegte Treppe veranschaulicht, auf der es zunächst hinauf- und dann hinabgeht, wird seitdem als Karriere begriffen, die stetig ansteigt. Stagnationen sind, wie in der Ökonomie, Verluste. Der kaufmännischen Kalkulation unterwirft sich von nun an selbst das Alter. Sparen gilt als Tugend, und es ist von besonderem Vorteil, denn damit ist ein glückliches Alter garantiert. Geld altert nicht und eignet sich deshalb gut als Symbol für den steten Willen zur Expansion: Geld zehrt nicht, wie die Arbeit, an den Kräften. Wenngleich zur Sicherung gegen das Schwinden von Vitalität und Gesundheit angelegt, wird es doch zum Spiegel eines unbegrenzten Wachstums. Der Geizige, in der Komödie meist ein alter Mann und Ziel des Spottes, flaniert nun als wohlsituierter Rentier auf den Boulevards. Ihm folgen im späten zwanzigsten Jahrhundert der Senior und die Seniorin auf dem Weg an die Aktienbörse – das Spiel mit dem quicklebendigen Geld ist zum Hobby der Pensionäre geworden.

Damit es überhaupt gelingen konnte, das Alter als Epoche des Glücks mit eigenem Inhalt zu definieren, mußte Krankheit als natürlicher und unüberwindlicher Widersacher, als biologisches Zeichen des Verfalls, das die kulturelle Stilisierung dieser Lebenssituation hätte Lügen strafen können, hinweggeredet werden. Altern wurde deshalb früher weniger als physische und physiologische Veränderung des Körpers denn als Umorientierung des Geistes verstanden. Der starke Geist sollte den körperlichen Verfall verzögern, ja vor ihm bewahren, ihn mit Ritualen umgeben, kurz, den Verfall, wie alle Natur, in Kultur verwandeln. Tiere altern nicht sichtbar, sie sterben irgendwann. Man darf annehmen, daß biologisch für den Menschen nichts anderes vorgesehen war. Aber sein nacktes Gesicht verrät den biologischen Vorgang, von dem der, der ihn durchläuft, selbst genausowenig weiß wie jedes animalische Wesen. Alle Nachdenklichkeiten, die über das Altern wiederholt wurden, hatten den geheimen Grund, dieses nackte Gesicht mit seinen Alterserscheinungen zu leugnen und die gerunzelte Stirn lieber als Denkerstirn zu interpretieren. Sobald sich ein Autor entschließt, über das Alter zu schreiben, beharrt er auf der Definition des Alters als eines Zustandes des gesunden, denk- und handlungsfähigen Menschen. Krankheit und Verfall aus der Definition auszuschließen gehört selbst zum Leitgedanken der traditionellen Rede über das Alter.

Vor dem achtzehnten Jahrhundert – Ciceros Schrift *De senectute* hat diese Beobachtung zum Topos der Altersliteratur gemacht – gilt Krankheit als ständige Bedrohung, die über der Jugend so gut wie überm Alter schwebt. In früheren Jahrhunderten, als nur die Widerstandsfähigen ein hohes Alter erreichten, galten junge Menschen sogar als anfälliger für Krankheiten als alte, ihre Leiden wurden als heftiger und gefährlicher beschrieben; sie gingen an harmlosen Infektionen, Blinddarmentzündungen und schlechten Lebensmitteln mindestens ebenso rasch wie die Alten zugrunde. Die meisten starben bereits als Kinder, d. h., gerade die ersten Jahre erschienen als die gefährlichsten. Auch die Jungen hatten Krankheiten, an denen sie Jahre und Jahrzehnte litten, um schließlich, früher oder später, daran zu sterben. Typische Alterskrankheiten waren von solchen Leiden nicht unterschieden. Die Jungen hatten Zähne und siechten dennoch dahin, die Alten und Ältesten hatten keine Zähne mehr, hielten sich aber gut.

Der ausgefallene Zahn wird denn auch für die Moderne, deren Skepsis gegen das Altsein wächst, zum Indiz für die Unmöglichkeit einer »ewigen Jugend«. Nicht zufällig entscheidet sich die Liebesgeschichte, die Goethe im *Mann von fünfzig Jahren* erzählt, an dieser Kleinigkeit, die eine große symbolische Bedeutung annimmt. Als der verliebte Major einen Zahn verliert, gibt er seine Werbung um die junge Geliebte auf. Thomas Mann, der im *Tod in Venedig* auf die Verjüngungskuren des Goetheschen Majors anspielt, macht beiläufig eine Bemerkung über den Vorteil an Schönheit, den man heute durch die Zahnmedizin genießt: »Würde sich die Sittenstrenge gewisser Leute gegenüber der kosmetischen Kunst logischerweise auch auf ihre Zähne erstrecken, so würden sie nicht wenig Anstoß erregen.« Der erste ausgefallene Zahn bedeutet im Alter nicht weniger als in der Kindheit der erste, der wächst. Altern schafft zunächst ein Problem des schönen Scheins und nicht der Krankheit. Der körperliche Verfall ist unausweichlich, die Krankheit jedoch zufällig. Häßlichkeit tritt im Alter auch ohne Krankheit auf. Die Schönheit geht, und mit ihr gehen, und zwar nicht nur für Frauen, Lebenschancen und Glücksgefühle verloren.

Um den Glauben an ein zufriedenes Leben im Alter zu

retten, muß daher eine neue Schönheitslehre erfunden werden. Wie alle kulturellen Verbrämungen der Wahrheit gibt auch diese nicht zu, was sie zu verbergen hat. Zumal in vergangenen Jahrhunderten, als nur Männer über das Alter schrieben, verlieren sie kein Wort über das Aussehen des Alten, als wäre der Geist über seine irdische Erscheinung erhaben. Man muß auf den depressiven und selbstquälerischen Tolstoi warten, bis ein Mann zugibt, daß im Alter mit der Schönheit alles und vor allem die Jugend verlorengeht: »Das Alter naht – heißt: die Haare fallen aus, die Zähne werden schlecht, es kommen Runzeln, es riecht aus dem Munde. Sogar früher, als alles endet, wird alles schrecklich, widerwärtig; es treten aufgeschmierte Schminke, Puder, Schweiß, Häßlichkeit zutage. Wo ist denn das geblieben, dem ich gedient habe? Wo ist denn die Schönheit geblieben? Sie ist der Inbegriff von allem. Ohne sie gibt es nichts, kein Leben.«

Da die Männer nicht zugeben wollen, wie wichtig ihnen die Illusion der Jugend, die erotische Bereitschaft also, ist, haben sie die unangenehme Aufgabe, tatsächlich zu altern, den Frauen übertragen. Diese tun es gewissermaßen von der Pubertät an. Altern wird bei ihnen seit je mit dem Verlust der Schönheit gleichgesetzt – auch dies ein Beweis dafür, daß Alter und Krankheit nicht notwendig zusammengehören: die Schönheit schwindet auch ohne Krankheit. Bis zum heutigen Tag werden Schönheit und Alter bei Frauen in einen unauflöslichen Zusammenhang gebracht. Die Kosmetik hat – man mag es zunächst nicht glauben – kein anderes Ziel, als den Schrecken vor dem Altern wachzuhalten. Früher genügten ein paar Aphorismen und Epigramme, um den Frauen ihr Schicksal klarzumachen. Heute gehen die Modejournale etwas zartfühlender mit ihnen um, meinen aber dasselbe wie Antiphilos von Byzanz, dessen Epigramm aus der *Anthologia graeca* eine Alte beschimpft, die den Anspruch auf Schönheit nicht aufgeben will:

> Glätte dir ruhig die Backen mit all ihren Riefen
> und Runzeln,
> Mach für die fehlenden Brau'n Striche mit Kohle
> am Aug,
> Färb dir mit dunkler Tinktur die verblichenen
> Haare und ringle
> Dir mit der Brennschere nur Löckchen um
> Löckchen am Ohr,
> Alles vergebens! Man lacht dich nur aus ...

Die Modejournale von heute liefern zu dieser Sottise Text und Bild. Das Bild zeigt den Traum, der Text die Wahrheit der weiblichen Existenz: die schöne modische Verkleidung und daneben den vergänglichen Leib, das Welken schon, wo noch alles zu blühen scheint. Nahezu jeder Seite mit einem Modefoto steht eine Reklame gegenüber, in der ein kosmetisches Produkt auf den schnellen Verfall von Haut und Haar aufmerksam macht. »Wüstenschönheit« lautet ein Titel in *Vogue* und weckt romantische Träume von braunen Leibern in Sonne, Sand und Wind, um sie sofort durch den Untertitel zu ernüchtern: »Immer mehr Mittel gegen das Altern werden aus Blüten, Pilzen und Blättern gewonnen.« Die Namen dieser neuen Wüstenschöpfungen verbergen nicht ihre Mitwisserschaft über die Sehnsucht der Frauen nach Jugendlichkeit: »Prodigy«, »Crème revitalisante«, »Carità«. An anderer Stelle empfehlen sich »Power-Früchte« zur Pflege, denn »Pigmentflecken auf dem Handrücken und trockene Stellen an den Fingerknöcheln verraten mindestens so viel über unser Alter wie Falten im Gesicht«. Gegen sie preist die Werbung ohnehin Anti-aging-Cremes noch und noch an. Einen »Augen-Trost« hat *Vogue* ebenfalls anzubieten, der »Krähenfüße, Tränensäcke und schlaffe Lider« behandelt, die jede Schöne »müde aussehen« lassen. Ein »hochkonzentriertes Haut-Menü« bietet unter dem zynischen Warentitel

»Serenissima Absolute Skincare Concentrat« Guerlain an. Und schließlich, wohl wissend, daß Cremes kaum einen Tropfen Trost für den weiblichen, von der Austrocknung bedrohten Körper und Geist bieten, der Rat zur Schönheitsoperation, deren Erfolg ein Doppelportrait beweist: es zeigt eine vergrämte Frau, die nach dem Eingriff des Arztes, des Mannes, wieder erblüht ist. Der Besuch in einer Parfümerie sieht für jede Frau über dreißig einen kleinen Herzstillstand vor: Nachdem sie viel Geld für wohlriechende Pflegemittel ausgegeben hat, schlägt die Verkäuferin die Augen auf, wirft einen klaren und ehrlichen Blick auf das Gesicht der Kundin und zieht hilfsbereit aus einer Schublade die Probe irgendeines Heilmittels gegen das Altern, mit dem sie, feinfühlig, wie sie ist, und als hätte sie ein peinliches Geheimnis zu verraten, der Kundin andeutet, daß sie gerade die ersten Zeichen davon in ihrem Gesicht erspäht hat.

Während so die Frau, in Bewegung stets und voller Grazie gedacht, schnell ihre Anmut verliert, gewinnt der Mann an Würde, je mehr er erstarrt. Man setze dem hochbetagten Haupt nur einen Goldhelm auf, und schon verwandeln sich alle Runzeln in tausend Strahlen männlicher Altersschönheit. Eine solche Anstrengung, das Bild des schönen alten Mannes zu schaffen – wie sie etwa Rembrandt mit seinen Propheten und Philosophen unternimmt –, hat die Malerei, von ein paar guten Mütterchen abgesehen, die rühren sollen, für Frauen nie unternommen. Vielmehr weist der Mann in der alternden Frau das Schreckbild seines eigenen Alterns ab. Die junge Frau hingegen dient ihm zur Projektion seines Wunschbilds von ewiger Jugend: mit ihr an der Seite fühlt er sich selbst jung und schön.

Glaubt man Thomas Mann, dessen Essay *Goethe und Tolstoi* an den zwei großen Alten der Literatur die traditionelle und doch schon schwindende Hochschätzung des Alters für sein skeptisches Jahrhundert noch einmal zu retten sucht, so hat der männliche Bürger an den Vorzügen des Aristokraten, seiner Erscheinung, seinem gehobenen Stilbewußtsein, überhaupt erst teil, wenn er physisch altert: »Wiederum muß man sagen, daß die Würde der Hochbetagtheit nichts mit dem Geiste zu tun hat. Ein Greis kann ja dumm und gewöhnlich sein, was die Menschen nicht hindert, seine weißen Haare und Runzeln mit religiöser Ehrerbietung zu betrachten: es ist ein natürlicher Adel, den das Alter verleiht, aber ›natürlicher Adel‹, das ist wohl ein Pleonasmus. Adel ist immer natürlich, man wird nicht ›geadelt‹, das ist Unsinn, man ist adelig von Geburt, von Fleisches und Blutes wegen; Adel ist also etwas Körperliches, auf den Körper – und nicht auf den Geist – hat aller Adel immer das größte Gewicht gelegt.«

Was dem Adeligen von Geburt mitgegeben ist, die Geste, die Erscheinung, die Würde, die ihn, ob klug, ob dumm, über die Normalität erhebt, das erarbeitet sich der Bürger durch die Gunst eines Lebens, das je länger, um so aristokratischer wirkt. Nachdem der Adel weitgehend entmachtet worden ist, schafft sich das Bürgertum im neunzehnten Jahrhundert seinen eigenen Adel im großen alten Mann. Biographien und Autobiographien werden zu Lieblingslektüren, weil sie immer aufs neue Nobilitierungen vornehmen. Von Goethe bis zu Churchill, Adenauer und de Gaulle reicht die Epoche der Altersaristokratie.

Das Leben des einzelnen erhält rückblickend seinen Charakter durch das Verhalten im Alter. Je nachdem, wie erfüllt diese letzte Phase ist, wie lange sie ausgedehnt und ohne Qualen abgeschlossen werden kann, desto glücklicher darf das gesamte Leben und desto edler der Greis heißen. Noch für Noberto Bobbio, den italienischen Rechtsphilosophen und Schriftsteller, der 1994 eine Rede über das Alter vor der Universität Sassari hielt, ist diese Epoche der Biographie der letzte Akt, der über den Wert des Lebensdramas entscheidet:

»Das Alter spiegelt deine Ansicht vom Leben wider, und noch im Alter wird deine Einstellung zum Leben davon geprägt, ob du das Leben wie einen steilen Berg begriffen hast, der bestiegen werden muß, oder wie einen breiten Strom, in den du eintauchst, um langsam zur Mündung zu schwimmen, oder wie einen undurchdringlichen Wald, in dem du herumirrst, ohne je genau zu wissen, welchen Weg du einschlagen mußt, um wieder ins Freie zu kommen.«

Längst werden viel zu viele viel zu alt, als daß nicht der Anblick des unzuverlässigen Körpers den schönen Abgang von der Bühne zunichte machte. Thomas Mann versucht in seinem 1905 geschriebenen Essay die Zweifel zu zerstreuen, die Jugendstil und Jugendkult der Jahrhundertwende an der Verklärung des Alters geweckt haben. Er schlägt einen intellektuellen Salto mortale und erhebt die Krankheit zur eigentlichen Auszeichnung und Schönheit des Alters: »Im Geiste also, in der Krankheit beruht die Würde des Menschen, und der Genius der Krankheit ist menschlicher als der der Gesundheit.« Dies gelang ihm nur, indem er den Geist als romantisch definierte (das »Romantische« hatte Goethe das »Kranke« genannt) und an die Krankheit band. Wenn das Alter die Epoche des Geistes ist, so entspricht ihm demnach der Zustand der Krankheit: »Denn wenn es zu weit ginge zu sagen, daß Krankheit Geist, oder gar, daß Geist ›Krankheit‹ sei, so haben diese Begriffe doch viel miteinander zu tun. Geist nämlich ist Stolz, ist emanzipatorische Widersetzlichkeit gegen die Natur, ist Abgelöstheit, Entfernung, Entfremdung von ihr. Geist ist das, was den Menschen, dies von der Natur in hohem Grade gelöste, in hohem Maße sich ihr entgegengesetzt fühlende Wesen, vor allem übrigen organischen Leben auszeichnet, und die Frage, die aristokratische Frage ist, ob er nicht in desto höherem Grade Mensch sei, je gelöster von der Natur, das heißt, je kränker er sei.« In der Epoche der ›nicht mehr schönen‹ Kunst entsteht so auch der nicht mehr schöne Körper des Alten, der dennoch Würde bewahrt.

Thomas Manns erzwungener Argumentation steht die Verklärung des Alters in Hofmannsthals *Der Tod des Tizian* zur Seite. Nicht nur der Alte selbst ist schön, auch alles, was er erblickt, verklärt sich in Schönheit. Noch dazu inspiriert Tizians Altersschönheit die Jugend, in der er ewig weiterlebt:

> Die aber wie der Meister sind, die gehen
> Und Schönheit wird und Sinn, wohin sie sehen.

## *Todesangst und Lebenshunger*

»Neulich stand ich in meinem Garten«, erzählt Hermann Hesse in seinem Aufsatz über das Alter, »hatte ein Feuer brennen und speiste es mit Laub und dürren Zweigen. Da kam eine alte Frau, wohl gegen achtzig Jahre alt, an der Weißdornhecke vorbei, blieb stehen und sah mir zu. Ich grüßte, da lachte sie und sagte: ›Sie haben ganz recht mit ihrem Feuerchen. Man muß sich in unsrem Alter so allmählich mit der Hölle anfreunden.‹«

Die Koketterie mit dem Tod und über ihn, in der sich der gealterte Adam und die uralte Eva hier ergehen, gehört nicht mehr in unsere Zeit. Glaubt man Philippe Ariès, dem französischen Kulturhistoriker, so sind solche Scherze nach 1800 kaum mehr denkbar. In seiner *Geschichte des Todes* kommt er zu dem Schluß, daß die Todesangst nach der Aufklärung universal geworden sei. Zuvor habe es keine Todesangst, bestenfalls einen Todesschrecken gegeben, »denn bis dahin haben die Menschen, wie wir sie in der Geschichte ausmachen, niemals wirklich Angst vor dem Tod gehabt. Sicherlich empfanden sie etwas Angst vor ihm und sagten es auch ruhig. Aber gerade diese Angst überschritt niemals die Schwelle des Unsagbaren, des Unausdrückbaren. Sie wurde in befriedende Worte übersetzt und in vertrauten Riten kanalisiert.« Ausgesprochen ist ausgetrieben, meint Ariès, Kirche und Volksmund, Ritual und Gespensterglaube haben den Tod beim Namen genannt, beim Schopf gepackt und zum Haus hinausgeworfen.

Rituale, in denen sich die Angst vor dem Tod ausspricht, sind heute allerdings seltener geworden; aber auch von einer Todesangst, deren Anwachsen in der Moderne Ariès diagnostiziert, bemerkt man wenig. In der Tat haben die Wissenschaften das Sterben hinausgeschoben. Die Gesellschaft paßt sich diesem Fortschritt in ihrem Alltagsverhalten an und verdrängt alle traditionellen Zeichen des Todes: die Menschen sterben, wohlversorgt zwar, doch ungesehen, in Kliniken, die Leichenwagen dürfen nicht mehr durch ihre schwarze Farbe auffallen, nicht mehr durch graue Vorhänge an den Scheiben oder vielsagende Symbole auf den Wagentüren, die aufs ewige Leben verweisen, und wie zum Hohn trägt heute jung und alt am liebsten die Farbe des Todes im hellsten Sonnenschein auf dem Leib, das Schwarz, das jahrtausendelang für die Trauer reserviert war.

Doch kann sich auch heute mit einiger Sicherheit nur ein Teil der Gesellschaft aus der unmittelbaren Bedrohung durch den Tod befreien (Kriege und Katastrophen freilich ausgenommen): die Jugend. Das Alter hingegen schleicht ihm langsam, aber unaufhaltsam entgegen. Die Todesangst wurde, so wäre Ariès einzuschränken, einer repräsentativen Gruppe der Gesellschaft übertragen. Die Moderne schafft für alles Spezialisten, und so wurde denn auch die Todesangst spezialisiert: die Aufgabe, sich ums Sterben zu sorgen, haben die Alten übernommen. Deshalb ist auch der Gedanke der antiken Altersphilosophie, daß Alter nicht durch Krankheit und Verfall zu definieren sei, nur noch schwer nachzuvollziehen. Heute fühlt sich alt, wer krank ist und den Tod ahnt. Alle anderen Personen verhalten sich, ob jung oder alt, gleich, sie fühlen sich jung und fürchten den Tod nicht. Der fünfzigjährige Marathonläufer ist ebenso gut denkbar wie der siebzigjährige Doktorand. Eine allgemeine Vorstellung von dem, was Alter sei und wann es beginne, besteht nicht mehr. Das Alter umspannt seit dem zwanzigsten Jahrhundert, da es immer länger wird, drei zeitlich ziemlich ausgedehnte Epochen: die ersten Pensionsjahre, das altersschwache Greisenalter und die Sterbezeit; zumindest die erste Phase wird genossen wie eine zweite Jugend.

Senioren besuchen heute gern die Universität, aber weniger, weil sie den traditionellen Vorstellungen huldigen, die dem Alter Geist und Würde zuordnen, als vielmehr weil sie sich jung genug fühlen, um ein neues Leben zu beginnen. Die einzige Schule aber, in der sie wirklich noch etwas zu lernen hätten, wäre die des Sterbens, deren Abschlußexamen der Tod ist. Diese Ausbildung wird, wie heutzutage jede, immer länger und deshalb gründlicher. Das Curriculum beginnt mit der Pensionierung und dem Verlust der Entscheidungsfunktionen und führt über Altersleiden zu Alterskrankheiten und in den Tod. Die Menschen haben heute lange Zeit, sich ein umfangreiches Wissen über das Zeremoniell ihres Abschieds anzueignen – und währenddessen ergreift ihr Körper immer entschiedener die Herrschaft über den Geist. Kluge Alte mögen zwar ein paar Jahre Kunstgeschichte studieren, dann aber entwickeln sie sich zunehmend zu kleinen Medizinern. Die Moderne muß sich keinen Totentanz an die Kirchenmauer malen, der einst der übermütigen Menge das Gerippe vor Augen rückte, das hinter ihr stand. Die Intensivstation ersetzt jeden Totentanz. Dort läßt sich mit Händen greifen, was früher nur ein gemalter Schatten war.

Die Beschreibung des Alters schwingt sich daher kaum mehr zu tröstlichen Gedanken empor; die jungen Alten brauchen sie nicht, die kranken Alten glauben sie nicht. Seit dem 20. Jahrhundert wird der Traum vom freundlichen Lebensabend zunehmend vom Wissen um den schleichenden Verfall des Leibes und ein möglicherweise schreckliches, weil langwieriges Sterben vertrieben. Das Altersglück, das »schöne Alter«, das für frühere Jahrhunderte geradezu eine moralische Verpflichtung gewesen war, und erst recht der »sanfte Tod«, erscheinen seither als vergangene Poesie, die dem Leben nicht gerecht wird. Nur die Erbauungsliteratur könnte noch wie van Swieten reden, der annimmt, daß der

Mensch, ja älter er wird, desto sanfter aus dem Leben scheidet. »Die Greise erwartet bestimmt ein leichter Tod, ohne Todeskampf, und man spricht darum von Euthanasie. Denn an keiner Todesart sterben die Menschen sanfter als am Alter. Unreife Früchte müssen mit Gewalt von den Bäumen gerissen werden, reife fallen von selbst ab. Den jungen Menschen nimmt die Gewalt, den Greisen die vollendete Reife das Leben.« Statt dessen verlängert heute die Medizin zwar das Leben, aber damit auch das Leiden an ihm.

Freilich ist, wie der Tod selbst, auch die Todesangst dieser Sterbenden kaum sichtbar. Der Eintritt ins Alter, durch die Pensionierung markiert, beginnt mit Entlastung und Erleichterung, und diese setzt sich um in eine Beweglichkeit, wie sie eigentlich nur der blühenden Jugend anstände. Der Lebensübermut der Alten, ihr Konsumvergnügen, ihre Reiselust, ihr sportlicher Elan fordern zwar den Spott der Jungen heraus, die sich zu Recht durch die falsche Frische kopiert sehen. Doch keine Spur von Todesahnung bei diesen jungen Alten!

Gerade aber in ihrem übertriebenen Lebenshunger verrät sich die Todesangst der Gesellschaft. Er äußert sich allerorten und hat sich einen Ausdruck geschaffen, der alle, auch die Jungen, erfaßt hat: die Eß- und Freßkultur. Sie hat wenig mit Genuß und viel mit Gesundheit zu tun. Gott kommt in den Gebeten um ein langes Leben heute seltener vor als Vitamine, Cholesterine, Proteine, Purine, Ballaststoffe, Schwermetalle, karzinogene Bestandteile und Flüssigkeitsmengen. Man ißt schon lange nicht mehr, weil der Hunger nagt, man sorgt sich mit jedem Bissen um eine gesunde Ernährung, die ein hohes Alter garantieren soll. Empfehlungen zum gesunden Essen aber tauchen seit dem 18. Jahrhundert vor allem in den altersmedizinischen Schriften auf, hier wurde, was heute auch die Jungen wissen, erst einmal für die Alten erdacht.

Die Ökotrophologie, die Ernährungskunde, ist die Religion unserer Zeit, auch wenn hier, wie in jeder Religion, die frommen Gedanken kaum praktische Folgen haben: man plant die schlanke Erscheinung behender Jugendlichkeit und geht dabei in die Breite; die goldene Mitte des Idealgewichts rückt trotz jeder versagten Kalorie so fern wie das ewige Heil. Das Gefühl der Verfehlung gehört zum Glauben; nur wer sündigt, strebt nach Buße. Gerade das Übergewicht hält – paradoxerweise – das dürre Gerippe des Todes im Bewußtsein und gibt der heutigen Unersättlichkeit eine metaphysische Dimension.

Philippe Ariès zeigt, daß man in der vormodernen Gesellschaft des Mittelalters die Toten wie Lebende behandelte, weil man an ihr Ende nicht glauben konnte. Als Gespenster und Wiedergänger blieben sie mitten unter den Lebenden: »Die Toten kamen zu allen möglichen Tageszeiten und bei allerlei Gelegenheiten wieder zu Besuch. Doch blieb dies alles ein erzählbarer und also zu bewältigender Schrecken: Es gab kaum ein Übergreifen des Todes auf das Leben, sondern im Gegenteil ein Übergreifen des Lebens auf den Tod. Daher die Leichen, die bluten, beißen, schwitzen und bei denen Bart, Haare, Nägel und Zähne weiterwachsen.« Von da an kehrt sich die Bewegung zwischen Diesseits und Jenseits um: »Das Übergreifen spielt sich in umgekehrter Richtung ab, vom Tod auf das Leben. Der Anschein des Todes nistet sich schon während des Lebens ein« – und er tut es heute, indem er wieder einmal die Frauen zu seiner Allegorie erwählt. Der Sensenmann auf den Gemälden ist von der Anorektikerin in den Modejournalen abgelöst worden. Glaubt man diesen Heften, so sehen die neuesten Kleider am besten aus, wenn sie um abgemagerte Skelette schlottern. Diesem Totenkult huldigt jung und alt. Zum ersten Mal definiert sich das Ideal des schönen Menschen fast ausschließlich von der Gesundheit her. Indem sie es verfolgen, wollen die Jungen verhüten, alt zu werden, und die Alten hoffen, dadurch jung zu bleiben.

Das Gespenst der Angst steht nun neben jedem, der einen Bissen schluckt: Ist dieser ein Lebensspender oder Totengeleiter? Dem »Todesleben«, der Erscheinung der Toten unter den Lebenden, steht nicht etwa die »wortlose Angst« der Ärzte gegenüber, die verschweigen, daß der Tod von Geburt an das Leben begleitet, sondern ihre beredte Empfehlung zu gesunder Ernährung und Bewegung. Mit diesen Ermahnungen lassen sie den Tod ins Leben ein. Die »ars vivendi« wird zur »ars moriendi«.

Noch nie wurden so viele Ängste mit dem Essen verbunden, und noch nie wurde es mehr zur Schau gestellt als heute. An jeder Straßenecke lauert die Verführung, zuviel oder falsch zu essen, und in jeder Fußgängerzone stellen die Sünder schamlos ihre Eßlust aus. Auf der Straße zu essen, ein körperliches Bedürfnis öffentlich zu verrichten, sich ostentativ um sein Leben zu sorgen galt bis in die sechziger Jahre des 20. Jahrhunderts als unschicklich. Inzwischen sind die Straßen der Innenstädte dampfende Basare. Die Speisen allerdings, die hier zu haben sind, verletzen – in neurotischer Umkehr der Diätpflichten – die Ernährungsvorschriften, die ein langes Leben garantieren sollen: fette Würstchen, Leberkäse, Schweinebauch, Pizza, pommes frites, Nudeln. Die Imbißstände richten, um die Verführung zur Orgie zu verdecken, Salatbuffets als Barrieren des guten Gewissens vor ihren billigen Magenfüllern auf, mit denen man an einem Tag Askese übt, um am nächsten wieder zu sündigen.

Für die Passanten mag es den Anschein haben, als finde das Essen allein als Fest der Jugend und des reifen Alters statt. Die Städte aber werden zunehmend nach Altersklassen aufgeteilt, so daß die eine Gruppe nicht weiß, was die andere tut. Es gibt ganze Straßenzüge, in denen sich die Jugend tummelt, wo sich »H+M«, »Olivier« und »Zara« niedergelassen haben. Dahinter haben die Kaufhäuser, meist in den Untergeschossen, Konsumkatakomben für Senioren eingerichtet, wo es dasselbe gibt wie für die Jugend, billig ebenfalls, nur heißen die Oberteile statt »shirt« noch »Bluse« oder »Hemd«. Im Umkreis dieser Läden haben sich Bistros niedergelassen, die, ob ausdrücklich oder nicht, ihr Angebot ganz auf die Klientel dieser Läden abstimmen. Dabei dürfen Senioren ihren städtischen Imbiß sitzend einnehmen, denn sie haben nicht gelernt, die Speisen im Stehen und Gehen zu balancieren.

Die Emanzipation des Leibes, auf den sich alle Sorge und Angst richten, von der Herrschaft des religiös bestimmten Geistes beginnt schon im siebzehnten Jahrhundert und läßt im achtzehnten eine eigene medizinische Disziplin entstehen, die sich mit dem Alter beschäftigt. Der Kampf zwischen Jatrophysik und Jatrochemie, die auf die Medizin angewandte Physik oder Chemie, spielt sich gewissermaßen auf dem Körper des Menschen ab: ist dieser ein System mechanischer Bewegungen, eine Maschine, die sich im Laufe der Zeit verschleißt, oder ist er ein System von Kanälen und Säften, deren Fluß und Konsistenz zunehmend erstarrt? Damit werden die beiden medizinischen Richtungen begründet, die noch heute gemeinsam die Todesangst verwalten: die Ernährungskunde und die Sportmedizin.

Die Medizin beschreitet im achtzehnten Jahrhundert erstmals die Pfade, die sie noch heute geht. Der himmlische Trost wird fragwürdig, der Mensch klammert sich deshalb an das, was ihm einzig bleibt, das Leben. Daher richtet sich die Aufmerksamkeit zunehmend auf den Körper und auf die, die nahe daran sind, das Leben zu verlieren, die Alten. An ihnen werden die Gesundheitsregeln für den Alltag entwickelt, denen sich, in vorauseilendem Gehorsam und in vorzeitiger Todesahnung, schließlich auch die Jungen beugen. Die Empfehlungen zur Gesunderhaltung des Leibes aus jener Zeit klingen ähnlich jenen, die heute die populäre medizinische Literatur verbreitet.

Johannes van Swieten, der Leibarzt Maria Theresias, steht an der Wende von der traditionellen zur modern-medizinischen Einschätzung des Alters. In seiner Rede über das Alter, die er 1763 vor Kollegen der Wiener Universität und Honoratioren der Stadt hielt, macht er noch ausdrücklich auf die seit der Antike übliche Trennung von Alter und Krankheit aufmerksam, um dann die neue Definition von Alterskrankheiten und krankhaften Zuständen im Alter zu geben, die dem Tod vorangehen: »Sobald nämlich durch ein langes Leben die dickwandigen Gefäße unseres Körpers sich verengen, hören fast alle Funktionen auf oder nehmen ab, die Sinne werden stumpf, das Gedächtnis wird unsicher, die Bewegung der Säfte im Körper wird nur durch die größeren Gefäße hindurchgeführt, die Flüssigkeiten entarten zu einer kalten und schleimreichen Substanz, und schließlich werden auch die größeren Gefäße knorpelig, ja sogar knöchern, sie lassen sich wegen ihrer Härte von der durch die Kraft des Herzens weitergetriebenen Flüssigkeit nicht ausdehnen und können auf den flüssigen Inhalt nicht mehr reagieren, worauf auch bei den sonst gesündesten Menschen infolge der Tätigkeit selbst eines langen Lebens unvermeidlich der Tod erfolgt. Die in diesem letzten Stadium des Lebens Befindlichen werden nicht Greise, sondern altersschwach genannt.«

Altersschwäche also meint im wörtlichen Sinne den Zustand dessen, der fürs Leben und selbst fürs Altsein zu schwach ist. Mit van Swieten beginnt die Schwierigkeit, die Grenze des Alters festzulegen. Letztlich, so die Konsequenz, lohnt es sich nur, von jenen Menschen zu reden, denen er den ehrwürdigen Titel »Senex«, »Greis«, verleiht – und damit kehrt auch er zur jahrtausendealten Definition des Alters zurück, die die Krankheit ausschließt und damit den Körper verleugnet: »Aber es gibt ein frisches, ein rüstiges Greisenalter, und daß dieses geschützt und bewahrt werden muß, wird niemand bezweifeln. Es liegt vielmehr jedem ob und ist Pflicht höchster Menschlichkeit, sein Alter sorgfältiger zu erhalten, damit er dem Staat und seiner Familie noch nützen könne.« Das körperliche Defizit wird hier noch kompensiert durch geistiges Wachstum, nicht durch gesundheitliche Maßnahmen.

Van Swieten vertritt aber sonst die Richtung der Humoralpathologie, die in die Lehre von der Ernährung mündet, der das 20. Jahrhundert huldigt und die sich darum sorgt, daß die »größeren Gefäße« nicht »knorpelig, knöchrig« und die Flüssigkeiten »weitergetrieben« werden.

Van Swietens Ratschläge für eine gesunde Ernährung unterscheiden sich wenig von dem, was auch heute alten Menschen empfohlen wird. Alter als Folge der Austrocknung, wodurch »dickwandige Gefäße« entstehen, verlangt eine Diät, die eine Art medizinisches Bewässerungssystem darstellt: »Erstens ist die Trockenheit und Steifheit der Körperteile zu verbessern; zweitens sind die schleimigen, zähen und kalten Flüssigkeiten zu verringern und zu vertreiben; drittens ist die sehr feine Körperflüssigkeit, die im Alter allmählich abnimmt, zu erneuern und, wenn sie anfängt zu erstarren, durch milde Reizmittel anzuregen.«

Um das zu erreichen, stellt van Swieten einen Speiseplan auf, der aus jungen Hühnern, Reis, Gerste, Hafer, Gemüse – »frisch aus dem Garten« – und »schlürfbaren Eiern« besteht. Folge der Austrocknung sind – schon vor dem Anstieg des Ozongehalts der Luft – vor allem Nasen- und Rachenleiden, gegen die man »außen mit Öl, innen mit Honig« anzugehen hatte. Der Austrocknung wirke der Wein entgegen, der, in Maßen genossen, als Medizin gilt: »Den Wein pflegt man die Milch der Greise zu nennen, und bei mäßigem Gebrauch nützt er auch dem Alter. Vor allem lobt man gewöhnlich die alten, durch ihr Alter mild gewordenen Weine, die ein Komödiendichter zahnlos genannt hat. Solche Weine aber kauft man nur um teures Geld, und sie erheitern die Gastmähler von Fürsten und Magnaten. Greise, vor allem Gelehrte, die häufig an Geldknappheit leiden, mögen sich Weine auch zu einem billigeren Preise anschaffen. Weine, die keiner so langen Reihe von Jahren bedürfen, um die Bezeichnung ›zahnlos‹ zu verdienen. Doch seien die Becher klein, und sie sollen den Wein nur tropfenweise hergeben, wie beim Gastmahl des Xenophon.«

Die soziale Beobachtung van Swietens ist um so ungewöhnlicher, als sie eine Überlegung der heutigen Medizin vorwegnimmt: Der Wein erscheine nur deshalb als Heilmittel, weil er von den reicheren Schichten genossen werde, die ohnehin schon besser versorgt und in medizinischen Fragen besser gebildet seien und daher – mit und ohne Wein – länger leben. Auf chemische Untersuchungen, die heute Hunderte von nützlichen und schädlichen Bestandteilen im Wein identifizieren, stützt sich van Swieten nicht.

Der Fortschrittsgedanke schwächt allerdings gerade zur Zeit van Swietens und der Französischen Revolution die Position des Alters, indem er auf die Jugend setzt. Heutzutage sind sie es, die es die Alten lehren, wie man sich gesund ernährt, um sich Jugendlichkeit zu bewahren, doch liegen die Anfänge ihres Wissens in der Altersmedizin. In den Familien spielen die Kinder sich gern als Ernährungswissenschaftler und kleine Gesundheitstyrannen auf, die gegen die Fleischportionen auf den Tellern der Eltern zu Felde ziehen. Eine neue Erscheinung im Straßenbild ist das Paar Mutter–Tochter, jede mit der obligaten Plastikflasche mit Mineralwasser im Arm. Die Mutter hat dreißig Jahre lang bei ihrem Stadtbummel keinen Durst verspürt, die Tochter aber, eine Urenkelin van Swietens, hat ihr gerade noch rechtzeitig die Gefahr der Austrocknung bewußtgemacht.

Die Blüte der praktischen Disziplin der Ökotrophologie beweist, daß die Reden über die Schönheit des Alters, die ihr vorausgingen, nichts als Rhetorik sind und waren. Nicht zufällig gilt van Swieten als Begründer der Geriatrie. Bibliotheken von Handreichungen zur Altershygiene ersetzen nach ihm die allerdings nutzlosen Apologien und Trostreden früherer Jahrhunderte.

Die Bibliothek der Altersliteratur, ins Uferlose wachsend, ist seither unter verschiedene Disziplinen aufgeteilt: unter Theologen, Medizinern, Dichtern. Die traditionellen Trostbüchlein bleiben erhalten, neben ihnen entsteht eine umfangreiche medizinische Literatur, etwas später kommen die zynischen Reden der Intellektuellen über ihre Erfahrungen mit dem Alter hinzu. Jeder kann sich nun aussuchen, ob er im Alter erhoben, ermahnt oder erniedrigt werden will, ob er sich geistlichem Rat, körperlicher Pflege oder poetischer Melancholie überläßt.

Der Senior, der neue Alte, der den Geronten, den Alten der Antike und frühen Neuzeit, ablöst, ist ein Handwerker seines Wohlbefindens. Er hat es eilig, seine Erfolge zu genießen, Würde wäre dabei nur eine zusätzliche Erschwernis. Der alternde Cicero fürchtete, daß ihm das Ruder des Staates entwendet werde, und deshalb hat er sich in die Rede geworfen. Sobald sich aber die Aufmerksamkeit auf banale Lebensverlängerung richtet, muß jeder für sich allein das Quentchen Cholesterin bestimmen, das ihm gerade noch zuträglich ist. So wird der wagemutige, den Körper für Nichts achtende Geront, der ein Staatsschiff lenkt, vom um seine Gesundheit besorgten Senior abgelöst, den ein Omnibus von einer touristischen Sehenswürdigkeit zur nächsten kutschiert.

Nur beim Trinken haben die Alten den Wettkampf mit der Jugend nie verloren. Agathias Scholastikos verfaßte das Siegeslied des alten Trinkers, der die lasche Jugend herausfordert:

Schnarchend liegen die Jungen, und keiner von ihnen vermag es,
auch nur zu sagen, wieviel Becher man heute noch leert.
Trink, mein Alter, sei froh! Was der große Homeros gesagt hat,
mit der Jugend im Kampf weiche das Alter – ist Schwatz.

Geistige Getränke erzeugen eben ein Überlegenheitsgefühl des Geistes: Das Rotweinglas hebt der Alte wie einen Siegespokal. Aussichtslos ist es hingegen, wenn der Körper selbst in den Kampf zieht, und der Alte den Sportsmann hervorkehrt. Aus dem physikalischen Verständnis des 18. Jahrhunderts vom Körper als einer Maschine entsteht die Fitneßbewegung. Die Todesangst ist hier zum Motor geworden, der alle Glieder in Bewegung setzt. Im Fitneßcenter wird die Maschine überholt. Wenig später als van Swietens Rede erschien 1796 Johann Christian Reils Schrift *Von der Lebenskraft*, die den Alterungsprozeß, den »marasmus senilis«, durch viel Bewegung aufzuhalten empfiehlt: »Die wahre Kunst, lange zu leben, besteht also darin, daß wir alle Organe verhältnismäßig und abwechselnd anstrengen und keins allein; daß wir sie nicht zu stark anstrengen, in gehörigen Zwischenräumen ihnen wieder Ruhe verstatten, keine stärkeren Reize anwenden, als zur Erhaltung der Tätigkeit notwendig ist; in betreff der Leidenschaften, Luft, Nahrung usw. jedes Organ durch seine spezifische, ihm angemessene, und nicht durch widernatürliche Reize in Bewegung setzen.«

Es erscheint geradezu wie ein Entgegenkommen der Jugend, wenn sie die Verhaltensregeln der Alten für sich übernimmt, so daß diese nicht spüren, daß sie alt sind. Die Todesangst aber können auch sie nicht verdrängen. Unversehens gelten die Alten selbst den Jungen als tödliche Bedrohung. Sie haben sie als die neueste Katastrophe dieser Gesellschaft ausgemacht. Während der einzelne durch eine gesundheitsbewußte Ernährung seinen Körper jung zu erhalten hofft, verkünden Propheten schon den Untergang des Kollektivs. Katastrophen kamen früher von außen, nun lebt der Feind mitten unter uns: nach dem Zweiten Weltkrieg bedrohten die westliche Welt Kommunismus, Krebs und Overkill – ein Schreckensgedicht in Stabreimen –; inzwischen ist es das Alter, was das Lebensglück der Gesellschaft bedroht. Es wird zu einer Naturkatastrophe dämonisiert und nimmt den Charakter einer Seuche an. Die Demoskopie stellt fest, daß die Alterspyramide, ein Gebäude mit breitem Fundament, zum Pilz, zu einer Wucherung, entartet sei. Eine »Seniorenlawine« rollt, so wußte schon 1995 *Die Woche* zu prophezeien, auf die Gesellschaft zu: »Die Seniorenlawine verschüttet die Zukunft der Jugend – wehrt sich die verlorene Generation?« Die »lost generation« hat sich diesmal nicht selbst aufgegeben, sie erstickt unter der Masse der Alten. 1991 liefert eine Bezeichnung für Angestellte, die aus Altersgründen aus den Betrieben ausgeschieden werden sollten, das Unwort des Jahres: man sprach vom »biologischen Abbau von Personen«. Jeden leisesten Ansatz von Humor hinsichtlich des Alterns drückt immer schon die »Altenlast« nieder, an der die Gesellschaft zu tragen hat.

Lediglich die Jugendlichen gehen in ihren Schimpfwörtern noch humorvoll und geradezu freundlich mit den Alten um: sie sind die »Komposti, Grufti, das Friedhofsgemüse, die Kukidents«. Ein »Kukident-Gremium« nennt denn auch der *Spiegel* den Ältestenrat des Bundestages. Die »UHUs«, die Unter-Hundertjährigen, fahren billiger mit dem »Runzelpaß« oder dem »Mumienausweis«.

Auch früher schon gab es den »alten Sack« und die »alte Schachtel«, den »alten Bock« und die »alte Schraube«. Diese abfälligen Bezeichnungen aber umfaßten kein Kollektiv; sie trafen den einzelnen, wenn er die Würde des Alters verletzte, und bezogen sich meist auf seine erotische Untauglichkeit. Der unaufhaltsame körperliche Verfall hingegen, den der Spott heute bloßstellt, trifft alle Alten. Die Alten gelten als *das* Krankheitssymptom der Gesellschaft, das keine Heilungschancen hat und nur Geld kostet. Die gesellschaftliche Angst vor einer Einschränkung der Lebensfreude und gar vor dem Tod konzentriert sich nun doch auf die Alten. Zum ersten Mal in der Geschichte werden Alter und Schuld eng miteinander verbunden. Die Eltern im Austraghaus auf dem ländlichen Gut mochten gehaßt sein, ihr Vermächtnis aber, Hof und Besitz, waren sichtbar, schätzenswert und trugen Achtung ein. Seitdem das Alter mit dem Austritt aus dem Berufsleben verbunden wird, gelten Arbeitslosigkeit und Alter in der öffentlichen Meinung gleich viel, zumindest stellen sie die Frage nach ihrer Finanzierbarkeit. Leistungen, die während des Berufslebens erbracht wurden, werden den Ausgeschiedenen nicht mehr moralisch gutgeschrieben. Rentner und Pensionäre haben – und zwar nicht ohne eigene Schuld, denn sie demonstrieren eine angebliche Jugendlichkeit – nicht das Aussehen von Vorfahren, die einen Wert schufen, sondern erscheinen als Schmarotzer, die aufzehren, was die Jugend erarbeitet. Straßen, Schulen, Universitäten, Krankenhäuser, Theater, alles, was sie mit ihrer Arbeitskraft und ihrem Geld herstellten, hält die nachfolgende Generation für gottgegeben, die aber, die es schufen, für ein gottgesandtes Ungemach.

Gleichzeitig übt die öffentliche Meinung ihr Mitleid gerade an dieser unnützen Bevölkerungsgruppe, deren Zunahme den drohenden Untergang der Gesellschaft beschleunigt und ihre Todesangst symbolisiert. Wo immer ein Journalist zur gewissenhaften Feldforschung aufbricht, wird in weinerlichem Ton die Erbarmungslosigkeit der Situation des einzelnen Alten beschrieben. Sorge um den einzelnen und Abneigung gegen alle Alten gehören zusammen. Zeitungen richten eine übermäßige Aufmerksamkeit auf die Zustände in Heimen, auf Betreuungs- und Pflegebedürftigkeit. Katastrophen brauchen die Medien nun einmal. Deshalb gilt die Lage des einzelnen ebenso wie die nicht zu bewältigende Aufgabe, die die Alten als Kollektiv für die Gesellschaft darstellen, als bedenklich. Jedenfalls ist das Alter, sei es als hereinbrechende Naturkatastrophe, sei es als Leidensweg eines einzelnen Subjekts, unter den unterhaltsamen Schreckensvisionen eine relativ junges Sujet.

Die vielen Senioren jedoch, die in Städten und Ferienorten flanieren, erwecken nicht den Eindruck, als steure man dem Untergang entgegen. Ihr persönliches Altersglück scheint ungetrübt und ist ein Unglück nur für die, die es berechnen. Auch im Gespräch äußern sich Alte meist zufrieden und nehmen Krankheiten nicht als notwendige, sondern zufällige Störung ihres Spaziergangs aufs Ende zu. Sie spielen mit, wie es von ihnen erwartet wird, und verstecken die Todesangst hinter der Lebenslust.

# Charaktere

## Der Staatsmann

Altersweisheit und Alterstorheit sind Zustände des Geistes, die die Literatur, nicht das Leben erfunden hat. Sie sind utopische oder satirische Überzeichnungen von Haltungen, die in einer bestimmten Phase des menschlichen Lebens zwar vorkommen, aber erst, indem sie Begriff und Anekdote wurden, Kontur annahmen. Jedenfalls sind die biologisch bedingten Veränderungen offensichtlich, die die Jahre an Körper und Geist bewirken: eine Zunahme an Passivität und Gelassenheit oder die Verleugnung ebendieser Entwicklung durch übertriebene Geschäftigkeit. Doch das Reden und Schreiben über Alter und Altern ist eine eigene intellektuelle Leistung. Sie reicht von der Antike bis in die Gegenwart; in jüngster Zeit versammelte eine Artikelserie der *Frankfurter Allgemeinen Zeitung*, das sogenannte »Moses-Projekt«, Schriftsteller, die von ihren Erfahrungen mit dem eigenen Altern berichten. In dieser Serie fanden sich unerwartete Abweichungen von der zweitausendjährigen Geschichte der Gemeinplätze über das Alter. Die Vorstellungen von Würde und Weisheit im Alter erschienen als schöne Reden, die den heutigen Erfahrungen mit dem Körper, mit seiner nachlassenden Energie, der wachsenden Melancholie im Alter nicht gerecht werden. Die Provokation dieser Beobachtungen kommt erst vor dem Hintergrund der Tradition so recht zur Geltung.

Es geht mit dem Alter nicht anders als mit der Liebe. In beiden Fällen nutzt der Mensch natürliche Voraussetzungen zu seiner kulturellen Selbstbestimmung, zumindest Selbstinterpretation. Die Liebe, wie sie in der Poesie stattfindet, hat wenig mit dem schwierigen Verhältnis zwischen den Geschlechtern zu tun, wie es gelebt wird; das Alter, das Philosophie und Erbauungsliteratur als Idee und Ideal entwerfen, ist nicht das, das jedermann durchzustehen hat. Körperveränderungen und Geisteszustände, die während des Alterns stattfinden, hält aber der Leser, obgleich er meint, aus eigener Kenntnis etwas von der Sache zu verstehen, eher noch für ein Abbild gelebter Erfahrung als die poetischen Reden über die Liebe. Die Abhandlungen über das Alter, übrigens ein schmales, aber viel gelesenes Konvolut in der Literaturgeschichte, stellen eine eigene rhetorische Gattung mit philosophischer Ausrichtung dar und haben, wie jedes Genre, ihre topischen, immer wiederkehrenden Gesten, Themen, Probleme, Figuren, Sprachfloskeln.

Seit der Antike wird die Zeit des Alters als Wunschbild entworfen. Selbst Schopenhauer, dessen Pessimismus das späte 19. Jahrhundert ergriff, erhebt in den *Aphorismen zur Lebensweisheit* das Alter zum eigentlichen Glückszustand des Menschen. Diese Epoche im Leben, in der die vom Willen umgetriebene Energie erlahme, um der reinen Vorstellung, der kontemplativen Betrachtung Platz zu machen, sei *die* philosophische Erfüllung schlechthin, die zu erreichen dem Subjekt aufgegeben sei. Seine eigene Philosophie simplifizierend, vergleicht Schopenhauer in den *Aphorismen* die Welt als »Wille« und die Welt als »Vorstellung« mit den zwei Lebensabschnitten Jugend und Alter. Die Epoche der Erfüllung dessen, was dem menschlichen Geist wesentlich sei, stelle sich im Alter erst ein; sogar ein schönes, verklärtes Ende stehe dem geläuterten Geist bevor.

Im Ernst wie im Spaß, in der Komödie und in der Malerei – man denke an den »dottore« der Commedia dell'arte oder an Rembrandts Philosophenporträts – wird der Philosoph als alter Mann dargestellt. Cicero berichtet, Gorgias von Leontinoi, der angeblich 107 Jahre zählte, soll auf die Frage nach dem Grund seiner klugen Gelassenheit und seines Lebensglücks geantwortet haben: ›»Ich habe keinen Grund, das Alter anzuklagen.‹ Eine großartige Antwort, die eines Gelehrten würdig ist! Denn nur Dummköpfe lasten ihre Fehler und ihre Schuld dem Alter an.«

Cicero schrieb 44 v. Chr. *De senectute*, »Über das Alter«, den Grundtext für alle folgenden Jahrhunderte. Ciceros Rede ist der erste längere selbständige Text über das Alter. Allerdings übernimmt er umfangreiche Passagen aus den Dialogen in Platons *Politeia*. Der griechische Philosoph und der römische Staatsmann, beide in den Sechzigern und nach den Maßstäben ihrer Zeit uralt, schrieben nicht nur die ersten Programme für das richtige Verhalten im Alter, sondern zugleich die letzten, denn diese klassischen Abhandlungen wurden, zumindest bis ins 18. Jahrhundert, zitiert, wiederholt und variiert. Wenn heute das Alter ratlos und rastlos die Jugend nachahmt, weil es keine für diesen Lebensabschnitt angemessenen Verhaltensweisen mehr kennt, so heißt das nur, daß Platons und Ciceros Schriften in Vergessenheit geraten sind.

Cicero war Staatsmann und wollte in seinem zweiundsechzigsten Jahr mit seiner Schrift den Gewinn eines langen Lebens resümieren. Sie sollte beweisen, daß auch die Greise, die Unbrauchbaren, noch brauchbar sind. Nachdem der Körper, der stärkste Feind eines glücklichen Alters, durch die Feststellung, daß Krankheit eher die Jungen als die Alten bedrohe, zum Schweigen gebracht worden ist, bleibt die Aufgabe, Charakter, Wünsche und Gesinnungen des reifen Mannes von allem Erdenrest zu reinigen, um ihm gerade dadurch eine besondere Qualität zu verleihen. Der praktische Erfolg im vergangenen Leben verwandele sich im Alter in Erfahrungen, auf die die Jungen angewiesen seien. Altern gibt Cicero als Prozeß der Läuterung aus, die Würde des Alters gründet er auf die Erscheinung des reinen Geistes. Der alte Mann ist gleichsam von Natur aus Philosoph, er überschaut das Leben und nimmt an ihm nur noch als Beobachter, Theoretiker und Ratgeber teil. Die ursprüngliche Bedeutung von »theoria«, die nachdenkliche, distanzierte Anteilnahme an Festen, gilt gerade für den Geist der altersphilosophischen Schriften. Der Alte, freigestellt von aller Praxis, überschaut die Welt, als wäre sie ein Fest. Alter wäre demnach Theorie als Lebenshaltung. Diesen Zustand der Reflexion bringt Schopenhauer, Ciceros Argument umspielend, in ein poetisches Bild: Man könnte »das Leben mit einem gestickten Stoffe vergleichen, von welchem jeder in der ersten Hälfte seiner Zeit die rechte, in der zweiten aber die Kehrseite zu sehn bekäme: letztere ist nicht so schön, aber lehrreicher; weil sie den Zusammenhang der Fäden erkennen läßt.«

Ausdrücklich zählt sich Cicero selbst unter die Philosophen; seine Schrift über das Alter nennt er *das* Dokument seines Lebens, dessen Sinn es gewesen sei, dem Zustand der Weisheit entgegenzustreben: »Mir jedenfalls war die Abfassung dieses Buches so angenehm, daß sie nicht nur sämtliche Beschwerden des Alters beseitigt, sondern das Alter sogar behaglich und angenehm gemacht hat. Nie wird man also die Philosophie würdig genug lobpreisen können, deren folgsamer Zögling ja seine gesamte Lebenszeit ohne Beschwerde verbringen kann.«

Die philosophische Haltung, die dem Alter Würde und Wohlbefinden verleiht, setzt die Negation des Körpers voraus: körperliche Leiden bedeuten wenig, wenn die Seele, zumindest die heidnische, unsterblich ist. Der christliche Gott, der die Seele im Diesseits sündig werden läßt, um sie im Jenseits dafür zu strafen, bietet dem autonomen Geist, der sich vom Leben abwendet, keine Gewähr. Dieser Gott bedient sich schon in dieser Welt des Körpers, um durch Krankheit und Leid eine Ahnung von der ewigen Verdammnis zu geben. Eine Philosophie hingegen, die die Idee von der Würde des Alters entwirft, setzt auf die Autonomie des Menschen, der sich selbst vervollkommnet. Die neuzeitlichen Schriftsteller entnehmen der platonischen und neuplatonischen Lehre die Vorstellung von einer Seele, die die Anlage zum Guten besitzt. Auch bei Cicero findet sich schon dieser Gedanke: »Da die Seelen über eine solche Behendigkeit verfügen, eine solche Erinnerung an Vergangenes und Vorausschau auf Zukünftiges, so viele Fähigkeiten, so wichtige Kenntnisse, so zahlreiche Erfindungen, kann ihr Wesen nicht sterblich sein, und da die Seele ständig in Bewegung ist und keinen Anfang der Bewegung kennt, weil sie sich selbst bewegt, wird es für sie auch kein Ende der Bewegung geben, weil sie sich niemals selbst verlassen wird, und da das Wesen der Seele einfach ist und keine ihr ungleiche und unähnliche Beimengung enthält, kann sie auch nicht geteilt werden und somit, wenn das unmöglich ist, nicht untergehen. Es hat auch große Beweiskraft, daß die Menschen, noch ehe sie geboren sind, sehr vieles wissen, weil sie sich schon als Kinder beim Erlernen schwieriger Fächer zahllose Dinge mit solcher Schnelligkeit aneignen, daß es so scheint, als hörten sie das nicht zum ersten Mal, sondern riefen sie sich nur ins Gedächtnis und in Erinnerung.« Im heiteren Alter beginnt die Rückkehr ins Reich der Ideen: In der Nachbarschaft des Todes sieht sich die Seele in der Nähe der Unsterblichkeit.

Auch in Senecas *12. Brief an Lucilius* erscheint das Alter als die Zeit, in der die Seele sich allmählich aus ihrer Gefangenschaft im Körper befreit und ihre ewige Jugendlichkeit offenbart: »Die Seele ist voller Jugendkraft und freut sich, nicht mehr viel Gemeinschaft mit dem Körper zu haben.« Für den Stoiker Seneca ist daher das Alter eine Epoche freudiger Erwartung: »Bereiten wir dem Alter einen freudigen Empfang, lieben wir es; es ist reich an Annehmlichkeiten, wenn man es zu nutzen weiß. Die Früchte erlangen ihren vollen Geschmack erst in dem Augenblick, da sie vergehen. Es ist eine erlesene Zeit des Lebens, wenn man den Abhang der Jahre hinabgleitet mit einer Bewegung, die noch nichts Gewaltsames an sich hat.«

Von Krankheit ist nicht die Rede, doch das Nachdenken über den Tod drängt zu einer Bestimmung des Subjekts, die das Dasein transzendiert. Der Tod macht alle Rede über das Alter zu einem Teil der Metaphysik. Dabei kommt die Jugend wieder in Erinnerung, nun aber in ihrer metaphysischen Dimension als »Ewige Jugend«. Der Tod ist die Schwelle, hinter der sich dem zukunftslosen Alter eine Zukunft auftut, die Pforte in die ewige Glückseligkeit. Cicero glaubt sie nicht einmal durch die Möglichkeit in Frage gestellt, daß nach dem Tod nichts mehr kommt: »Wie armselig ist doch ein Greis, wenn er in einem so langen Leben nicht erkannt hat, daß der Tod gering zu achten ist! Er ist entweder gänzlich zu vernachlässigen, wenn er die Seele völlig auslöscht, oder sogar zu wünschen, wenn er sie an einen Ort führt, wo ihr ewiges Leben beschieden ist. Was soll ich also fürchten, wenn es mir bestimmt ist, nach dem Tod entweder nicht unglücklich oder sogar glückselig zu sein?«

Die traditionellen Schriften über das Alter, der stoischen Lehre verpflichtet, enthalten Anweisungen, wie sich die Seele ohne Gewalt aus dem Körper befreien könne, um schmerzlos in den Zustand der »Ewigen Jugend« einzutreten. Altern wird daher zur moralischen Leistung; alle Tröstungen über die Gebrechen des Alters sind Tugendlehren. Den Geboten der Weisheit und Entsagung zu gehorchen ist eine schwerere Aufgabe, als jene Pflichten zu erfüllen, die der Jugend in Staat und Familie aufgegeben sind; um so ehrenwerter sind die Alten. Nur durch lebenslängliche Übung hat Cicero ein würdiges Alter erreicht: »Die besten Waffen gegen das Alter sind überhaupt die Tugenden und ihre Betätigung. Zu jeder Lebenszeit geübt, bringen sie, wenn man lange gelebt hat, wunderbare Früchte, weil das Bewußtsein eines gut gelebten Lebens und die Erinnerung an viele gute Taten höchst angenehm ist.« Der römische Redner verknappt diese Einsicht noch einmal zum Bonmot: »Wie nicht jeder Wein durch das Alter sauer wird, so wird es auch nicht jeder Charakter.« Alte Männer, von Cicero bis Adenauer, sind Gärtner. Den Zusammenhang von Ackerbau, Rosenzucht und Tugendübung postuliert bereits die Schrift *De senectute*: »Ich komme jetzt zu den Freuden des Ackerbaus, an denen ich unglaubliches Vergnügen finde; sie werden einerseits in keiner Weise durch das Alter behindert und kommen andererseits, wie mir scheint, dem Leben eines Weisen am nächsten. Man hat es dabei nämlich mit der Erde zu tun, die niemals den Befehl verweigert und niemals ohne Verzinsung das zurückgibt, was sie empfangen hat, sondern manchmal mit kleinerem, zumeist jedoch mit größerem Gewinn.« Cicero, dem Leben schon entrückt, denkt als römischer Grundbesitzer an seine Latifundien, nicht an Gärten, und erhofft sich von seiner Alters-Liebhaberei sogar noch einen kleinen materiellen Gewinn. Die Früchte des Landbaus symbolisieren die Früchte einer lebenslänglichen Arbeit, und jene sind gottlob leichter zu ernten, als diese es waren. Der Garten, der bei geringerem Vermögen an die Stelle des Latifundiums treten muß, ist der stimmungsvolle Ort, an dem der Weise sich der Welt entzieht und seiner Werke gedenkt. In den *Chinesisch-deutschen Jahres- und Tageszeiten* hat Goethe für dieses Altersgefühl die lyrische Version gefunden:

> Hingesunken alten Träumen
> Buhlst mit Rosen, sprichst mit Bäumen,
> Statt der Mädchen, statt der Weisen;
> Können das nicht löblich preisen,
> Kommen deshalb die Gesellen
> Sich zur Seite dir zu stellen,
> Finden, dir und uns zu dienen,
> Pinsel, Farbe, Wein im Grünen.

Als Orte der Kontemplation sind Landschaft und Garten Territorien des alten Mannes. Die Ernte, die Cicero noch einzubringen hofft, wird in der Moderne durch eine lyrische Hingabe an Natur und Kosmos ersetzt. Sie gewähren dem Geist Befreiung aus dem Körper und nehmen die seligen Gefühle einer Jenseitsvision vorweg. Auch der alte und über das Alter nachdenkende Jacob Grimm bekennt, daß ihm erst in der Natur die Klärung seiner Gedanken gelinge.

Den Zusammenhang zwischen Altersweisheit und Gartenbau stellt der Kreislauf der Natur her. Der Glaube an die Unvergänglichkeit der Seele sucht im ewigen Wiederaufkeimen der Natur seine Bestätigung. Der Rhythmus von Blühen, Vergehen und Wiedererblühen gibt auch der Seele die Gewähr einer Auferstehung nach dem Tode. Wer, wie Jacob Grimm, nicht an das Fortleben des individuellen Subjekts glaubt, findet zumindest ein tröstliches Bild der Dauer in der Natur, die fortbesteht, wenn der Mensch mit Leib und Seele dahingeht. Der einzelne Mensch stirbt, aber die Menschheit lebt weiter. Im Anschauen dieser Ewigkeit befriedigt sich die Altersweisheit: »mit welcher andacht schaut der mensch im alter empor zu den leuchtenden sternen, die seit undenkbarer zeit so gestanden haben, wie sie jetzt stehn und die bald auch über seinem grab glänzen werden. wie schön begründet ist es, dasz greise die stärkende gartenpflege und bienenzucht gern übernehmen, ihr impfen, pfropfen geschieht alles nicht mehr für sie selbst, nur für die nachkommenden geschlechter, die erst des schattens der neupflanzung froh werden können.«

Über die metaphysische Spekulation hinaus hat Ciceros Schrift eine politische Absicht: hier spricht der Staatsmann, der seine Funktionen nicht verlieren will. *De senectute* ist eine Verteidigung gegen die jugendliche Anmaßung, die meint, wegen ein paar körperlicher Gebrechen die Alten von der Macht ausschließen zu können. Cicero zeigt ihnen, daß die Alten die eigentlichen Regenten des Staates bleiben.

Der Ursprung der Reflexionen über das Alter liegt im taktischen Kalkül des Politikers; Ciceros Altersweisheit ist Staatsphilosophie. Archaische Gesellschaften organisieren sich nach dem Alter, der Älteste regiert den Clan – man erinnere sich nur an die Patriarchen des Alten Testaments; dagegen ist das Neue Testament das Dokument einer Jugendbewegung. Aber auch noch in frühen Hochkulturen liegt die Verwaltung des Staates in der Hand alter Männer. Der römische Senat hat seinen Namen von »senex«, den Alten, die ihm angehören. Bis in die Gegenwart finden sich Reste einer solchen Ordnung; einige Ämter sind an ein Mindestalter gebunden, das der Richter beträgt vierzig Jahre, das des Bundespräsidenten fünfundvierzig Jahre. Nicht zufällig greift Ciceros Theorie auf Platons *Politeia*, eine Staatsutopie, zurück. Über den Platonschen Staat diskutieren junge Männer unter der Ägide erfahrener, alter Politiker. Platons *Politeia* beginnt mit einer Szene, die die Anfänge der Utopie des idealen Staates in die Aura des Alters taucht. Glaukon, Polemarchos, Adeimantos, Nideratos, junge Männer, die sich beim Fest getroffen haben, betreten das Haus des greisen Kephalos, um in seinem Beisein ihr Gespräch über den Staat zu beginnen. Zuvor aber erklärt Kephalos den jungen Männern die Vorzüge des Alters. Die Gesprächsrunde selbst setzt symbolisch das Bild des idealen Staates in Szene, in dem Jung und Alt in einem durch gegenseitige Anerkennung gesicherten Bereich zusammenwirken sollen.

Ciceros *De senectute* macht Platons Vorschlag zum Leitgedanken seiner Altersphilosophie: »Was gibt es denn Erfreulicheres, als im Alter von jungen Menschen voller Eifer umdrängt zu sein?« In Cicero meldet sich der alte Mann zu Wort, der ein einflußreicher Politiker gewesen war und es bleiben möchte. Apodiktisch behauptet der 63jährige Greis, und zwar gerade zu der Zeit, da in Rom ein zwanzigjähriger Jüngling, Augustus, die Staatsführung übernimmt, daß das

Gedeihen der Staaten von der Tätigkeit weiser, alter Männer abhänge: »Denn bei den Greisen findet sich Verstand, Vernunft und Klugheit; wären sie nicht gewesen, so hätte es gar keine Staaten gegeben.«

Cicero spricht in *De senectute* in der Rolle des Cato major, eines der am meisten verehrten Politiker des republikanischen Rom. Der vollständige Titel seiner Schrift lautet: »Cato der Ältere über das Alter«. Die Abhandlung führt damit mehr als hundert Jahre vor die Zeit Ciceros zurück. Cato, 234 v. Chr. geboren und 150 v. Chr. gestorben, hatte als Vertreter altrömischer Prinzipien versucht, die römische Gesellschaft gegen den, wie er glaubte, destruktiven Einfluß der griechischen Philosophie und des Hellenismus zu verteidigen. Cato, der gleichwohl später dennoch Griechisch lernte, galt als Vorbild geistiger Regsamkeit bis ins hohe Alter.

Mit Vorliebe wurde Sparta von der antiken wie der modernen Altersrhetorik als politisches Vorbild angeführt. Die vierzig Geronten – »die herrschenden Greise« – waren ein Ältestenrat, dem wichtige Entscheidungen im Staat oblagen. Jacob Grimm erinnert sich dieser Gerusia und glaubt einen Abglanz ihrer würdigen Versammlung in der Preußischen Akademie der Wissenschaften zu sehen, vor der er seine Rede hält. Diese Vereinigung halte, ganz im Stil der Antike, am Anciennitätsprinzip fest, während sich die übrige Gesellschaft nach neuen, mechanischen Prinzipien ordne: »es ist z. b. bezeichnend, daß die sonst allgemein eingeführte rangbestimmung nach dem alter heutzutage einer zwar leichteren, aber kälteren nachfolge des alphabets zu weichen pflegt, doch nicht in unserer akademie, die den turnus ihrer vorlesungen nach dem alter des eintritts ihrer mitglieder regelt.«

Auch van Swieten, der Begründer der Geriatrie, ist vom Vorteil einer Leitung des Staates durch alte Männer überzeugt. Er bemüht die traditionelle Metapher vom Staat als

Schiff, für das es auf hoher See einen erfahrenen Steuermann brauche: »Auf dem Hinterdeck sitzt ruhig der alte Steuermann und leistet doch mehr als die übrigen, die auf die Maste klettern und durch die Schiffsgänge hin und her eilen. Er hält allein das Steuer, während andere nach seinem Befehl die Segel hissen oder einziehen. Er bedient sich ihrer Dienste, während das Schiff in sicherer Fahrt mitten durch Sandbänke steuert. Kühner (unbesonnener) Wagemut ist das Kennzeichen der Blüte des Lebens, Klugheit das des Alters. Von seiner Stelle aus benützt er die Körperkraft und Beweglichkeit der Jungen, aber seine kluge Berechnung bewirkt, daß er glücklich den Hafen erreicht.«

Heute wäre man geneigt, den apologetischen Charakter, der allen Schriften über das Alter eignet, auf die Absicht zurückzuführen, den Eindruck des körperlichen Verfalls abzuwehren und die Ahnung des Todes zu verdrängen. Aber der traditionelle Preis des Alters ist weder eine Gesundheitslehre noch ein Andachtsbuch. Die Altersphilosophie denkt von der Mitte des Lebens her und organisiert das Verhältnis der Generationen. Daher richtet sie sich stets gegen die Jugend, vor allem gegen ihren Anspruch auf politische Macht. Den antiken und frühneuzeitlichen Autoren der Altersliteratur geht es nicht – wie in der Gegenwart – um die Verlängerung des privaten Lebensgenusses, es geht ihnen um Autorität. Wo Cicero diese Position gegen die Jugend behauptet, wird sein Ton herausfordernd, ja geradezu auftrumpfend: Der Alte »tut nicht, was die jungen Leute tun, aber er tut etwas viel Wichtigeres und Besseres. Große Dinge vollbringt man nicht durch körperliche Kraft, Behendigkeit und Schnelligkeit, sondern durch Planung, Geltung und Entscheidung; daran pflegt man im Alter nicht nur nicht abzunehmen, sondern gar noch zuzunehmen. Es müßte denn sein, daß ihr den Eindruck habt, ich, der ich als Soldat, Tribun, Legat und Konsul in mannigfachen Kriegen tätig war, ließe nun nach, wenn ich keine Kriege mehr führe. Ich schreibe aber dem Senat vor, welche Kriege zu führen und wie sie zu führen sind.«

Die Würde des pater familias, des Familienvaters und -oberhauptes, war in Rom nicht geringer als die des Senators oder Konsuls. Grundbesitz, Sklaven, Söhne, Töchter, Schutzbefohlene unterstanden der Autorität dieses Familienoberhauptes, dessen Kompetenz mit Alter und Erfahrung wuchs. Die Pietas, die Achtung, die die erweiterte Familie dem Hausherrn entgegenzubringen hatte, ersetzte dem Privatmann, der nicht, wie Cicero, in die staatlichen Ränge, im currus honorum, aufgestiegen war, die öffentliche Macht. Der pater familias ist als einziger unter den Hausbewohnern eine öffentliche, eine politische Person. Deshalb stellt ihn Cicero dem Staatsmann an die Seite: »Vier kräftigen Söhnen, fünf Töchtern, einem entsprechend großen Hauswesen und einer großen Zahl von Schutzbefohlenen stand Appius vor, der blind und hochbetagt war. Die Straffheit seines Geistes war wie die eines gespannten Bogens, und der erschlaffenden Wirkung des Alters erlag er nicht. Er verstand es, nicht nur seine Autorität, sondern auch die Befehlsgewalt über die Seinen zu behaupten. Die Sklaven fürchteten, die Kinder respektierten und alle liebten ihn. Es herrschte die Zucht des Vaters in jenem Haus. So ist man nämlich im Alter ehrenhaft, wenn man sich selbst verteidigt, wenn man sein Recht behauptet, wenn man seine Vollmacht keinem anderen übertragen hat und wenn man bis zum letzten Atemzug über die Seinen herrscht. Denn wie ich einen jungen Menschen billige, in dem sich etwas von einem alten findet, so lobe ich mir einen Greis, an dem etwas von einem Jüngling ist.«

Schon in der Antike verband sich die Hochschätzung des alten Mannes mit einer konservativen politischen Gesinnung. Nur wenige wagten es damals, die Würde und mehr noch die Leistungsfähigkeit des Alters in Frage zu stellen. Gegen das konservative Altersregiment der Archonten, das Solon begünstigt hatte, und gegen die spartanische Gerusia, mit der Platon sympathisierte, wenden sich nur wenige, wie zum Beispiel Aristoteles in seiner *Politik*: »Aber auch mit der Institution des Rates der Alten steht es bei ihnen nicht gut. Denn wenn dessen Mitglieder Männer von hoher charakterlicher Qualität wären, die auch hinreichend zu aufrecht mannhafter Haltung erzogen sind, könnte man wohl sagen, daß dieses Amt für den Staat von Nutzen sei; daß aber dessen Inhaber bis zum Lebensende die Vollmacht zu weitreichenden Entscheidungen behalten, ist bedenklich, denn es gibt wie beim Körper so auch beim Geist Alterserscheinungen.« Der politische Konservativismus der anderen antiken Altersschriften aber läßt sich auf das nachantike Abendland übertragen. Die staatspolitische Perspektive der griechischen und römischen Autoren bleibt stets der Hintergrund aller nachfolgenden Altersdiskurse, auch wenn der Machtanspruch der Alten, verkleidet als Würde und Weisheit, zunehmend auf die private Sphäre von Haus und Beruf übertragen werden.

### *Der Großvater*

Hermann Hesse, der nach dem Tod seines Großvater unerwarteterweise ein Gedicht von ihm findet, verbindet die Publikation – unter dem Titel »Großväterliches« – mit einer Erinnerung an seine eigene Jugendzeit in der evangelischen Seminarschule von Maulbronn. Der Fünfzehnjährige hatte gegen die seelenlose Disziplin der Schule aufbegehrt: Er war in die umliegenden Wälder entflohen, war vermißt und erst nach mehreren Tagen wieder aufgefunden worden. Die empörte Familie setzte auf die Autorität des Großvaters; ihm sollte sich der mißratene Sprößling vorstellen. Der schwäbische Weise mit dem »Jahrhundertbart« taucht, als der Enkel vor ihm erscheint, aus seinen Büchern auf und begrüßt den Enkel verständnisvoll: »So, du bist's Hermann. Ich habe gehört, du habest neulich ein Geniereisle gemacht.« Das Wohlwollen des Greises ist geboren aus der Erinnerung an die eigene Jugend, in der ihm, so erfährt Hesse später, Ähnliches widerfahren war. Die romantische Erinnerung des einen lebt im romantischen Ausbruch des andern wieder auf. Das »Geniereisle« sollten von nun an Ahn und Enkel gemeinsam unternehmen.

Die staatspolitische Perspektive der griechischen und römischen Autoren verengt sich in der Moderne und schränkt die Funktion der Alten auf die private Sphäre von Haus und Beruf ein. Dem Alten bietet sich dabei eine neue Rolle an: die des Großvaters. Männer, denen im Alter weder, wie Cicero, ein Amt noch ein Landgut zur Verfügung stehen, sehen sich in den engsten privaten Raum verwiesen. Hier stehen ihnen die Enkel, für die die beschäftigten Eltern weniger Zeit haben, am nächsten. Die Entdeckung des Kindes und die Bedeutung des Großvaters, so stellte bereits Simone de Beauvoir fest, gehen im 19. Jahrhundert Hand in Hand: »Der Wandel der Familie hat die Beziehung zwischen Enkelkindern und Großeltern verändert: statt einer Gegnerschaft hat sich zwischen ihnen ein Bündnis entwickelt; da der Großvater nicht mehr Familienoberhaupt ist, wird er zum Komplizen des Kindes, über den Kopf der Eltern hinweg, und umgekehrt: die Kinder finden in ihm einen unterhaltsamen und nachsichtigen Gefährten.«

Cicero hätten solche Aufgaben gekränkt. Im 19. Jahrhundert aber arbeiten viele Autoren an der Idyllisierung oder Infantilisierung des Alters, indem sie die Unschuld des Kindes mit der wiedergewonnenen Unschuld des Greises gemeinsam in ein Kinderzimmer einsperren. Nicht zufällig haben die Brüder Grimm das, was man einst Ammenmärchen nannte, als *Kinder- und Hausmärchen* unter einem geschlechtsneutralen Titel versammelt. Die alten Männer übernehmen nun nicht nur als Vorleser von Märchen die Rolle der Mütter und Frauen.

Großväter werden geliebt, aber nicht hochgeschätzt. Einwände gegen die Achtung und Macht des Alters bringt zuerst Montaigne vor. Sein kleiner Essay über das Alter weist zum ersten Mal über die Argumente und Postulate der Antike hinaus. Montaigne geht nicht freundlich mit dem Alter um. Es ist ein Unterschied, ob darüber ein Staatsmann schreibt, der jung erscheinen und weiter regieren will, oder ein intellektueller Melancholiker. Seit Montaigne spaltet sich die Rede über das Alter in zwei Richtungen: die eine bleibt den antiken Formeln treu und streicht die Vorzüge des Alters heraus, die andere betrauert die Einbußen. Bis zum heutigen Tag hat das Lob des Alters mehr Anhänger als die Elegie über den Abschied gefunden, weil jene an der Illusion einer »Ewigen Jugend« festhält. Daraus erklärt sich der Erfolg von Noberto Bobbio, der als römischer Senator geradezu nominell die Nachfolge Ciceros angetreten hat: seine Schrift über das Alter – sie trägt auch den gleichen Titel wie die Ciceros, *De senectute* –, in der sich die öffentliche Person als privater Mensch mit all ihren Altersleiden, vor allem aber ihren Altersfreuden vorstellt, hat allein in Italien eine Million Leser erreicht.

Montaigne hingegen nimmt die Jugend zum Richtmaß der Gesellschaft samt ihrer Alten: »Unter allen großen menschlichen Taten, die zu meiner Kenntnis gekommen sind, von welcher Gattung auch immer, glaube ich den größeren Teil zu finden, wenn ich jene zähle, die sowohl im Altertum wie zu unserer Zeit vor dem dreißigsten Altersjahr verrichtet worden sind, als nachher.« Damit die Fähigkeiten der Jugend in den wichtigsten Funktionen der Gesellschaft zur Wirkung kommen sollten, verlangt Montaigne eine kürzere Ausbildungszeit, was nichts anderes bedeutet als die Verdrängung des Alters aus den wichtigen Ämtern. Statt Ehre gehört nun Leistung, statt Würde Energie, statt Erfahrung Mut und Experimentierfreudigkeit zu den Leitbildern, Eigenschaften also des jungen und tätigen Menschen, nicht des Alten, dessen Kraft nachläßt.

Montaignes Aufsatz markiert den Beginn einer Wertschätzung der Jugend, die mit jedem Jahrhundert wachsen sollte. Freilich wird das Alter nicht vollständig aus dem öffentlichen Leben verdrängt, im Gegenteil: wie jede untergehende Autorität, so wehrt sich auch diese heftig. Noch nie haben sich alte Politiker, Gelehrte und Künstler so stolz ihrer Taten gerühmt wie im 19. Jahrhundert. Es ist nicht zufällig das Jahrhundert der Biographie und Autobiographie. Gleichzeitig aber entdeckt noch dazu der soziologische Blick den namenlosen Alten, von dem bislang nie die Rede war. Erst jetzt sind »die Alten« nicht mehr nur die, die über sich selbst schreiben, sondern die, die stumm sind. Alte Menschen gibt es nun, zumal sich dank der verbesserten Ernährung und Medizin das Leben verlängert, in Masse. Für sie muß unter dem Abstraktum »das Alter« ein neues Lebensideal erdacht werden.

Diesen zu Zuschauern des Lebens bestimmten Randfiguren wäre schon damals sonst nichts geblieben als die ängstliche Pflege des Leibes, hätten ihnen nicht ihre Ratgeber eine neue Aufgabe in der Familie, eben die des Großvaters, anempfohlen.

Die Apotheose des Großvaters beginnt in Frankreich. Victor Hugo, der sich im Laufe seiner Karriere zum Dichter des Familienlebens entwickelte, hat nach *Les Enfants* (1858), *Le Livre des Mères* (1862) und *Les Fils* (1874) sein Glück als Großvater in Reime gefaßt. *L'Art d'être Grand-Père*, sein letzter Gedichtzyklus (1877), sprach offenbar seinen Landsleuten aus dem Herzen, bei denen diese schlichten Rührseligkeiten ein dauerhafter Erfolg wurden. Die »Kunst, Großvater zu sein« lehrt eine Lebenskunst, indem sie die Probleme des Alters verniedlicht. Sicherlich war für den Erfolg der Gedichte nicht nur die Rechtfertigung und Verklärung des Alters verantwortlich. Der Dichter hat auch das Bild des Kindes in Farben gemalt, so schön wie nie zuvor, er hat gewissermaßen den Putto familiarisiert und das Engelchen ins Wohnzimmer geholt. Hugos Großvaterherz schwebt, der Sorgen des finsteren Alters enthoben, mit den reinen Kinderseelen zusammen in höheren Regionen:

> Et, calmés, nous voyons s'envoler dans les branches
> Notre âme sombre avec toutes ces âmes blanches.
>
> [Und, ruhig geworden, sehen wir sie sich in die
> Zweige emporschwingen, unsere düstere Seele
> zusammen mit diesen reinen Seelen.]

Hugo ergötzt sich und seine Leser an den Szenen der Kinderstube, wo die Enkel im Schlaf lächeln, unverständliche Worte murmeln, den Daumen in den Mund stecken und andere liebliche Spiele treiben; er ist entzückt von ihrem Trotz und gerührt von ihrer Zuneigung. Der Familiendienst läßt den Großvater selbst wieder jung werden. Ein gealterter Faust, dessen Verjüngung durch die Liebe halbreifer Mädchen versäumt worden ist, erfrischt sich der Großvater nun am Anblick der Allerkleinsten: »Devenir aïeul, c'est rentrer dans l'aurore«: hochbetagter Ahn zu werden heißt zurückkehren in die Morgenröte des Lebens.

Dem aufmerksamen Leser kann es nicht entgehen, daß diese Rückreise in die rosige Frische der Kindheit auf wakkeligen Füßen steht und geht:

> en patriarche
> Que ménent les enfants, je réglerai ma marche
> Sur le temps que prendront leurs joux et leurs repas,
> Et sur la petitesse aimable de leurs pas.

[In meinem Patriarchenalter werde ich, da ich die Kinder geleite, meine Ausgänge an der Zeit, in der sie spielen und ihre Mahlzeiten nehmen, und meine Schritte an ihrem liebenswerten Trippeln ausrichten.]

Der gemeinsame Spaziergang derer, die ins Leben hinein, und derer, die aus ihm heraus schreiten, wird von Gottes liebevollem Auge begleitet, den das 19. Jahrhundert ja selbst als Großvater darzustellen liebt: »Dieu, le bon vieux grand-père, écoute émerveillé.« Der Alte im Himmel und der Alte auf Erden befinden sich in bestem Einverständnis. In der Rolle des Großvaters gesteht der Alte immerhin seine Entfernung von der Jugend und den besten Mannesjahren ein. Die Hilflosigkeit der Kinder entspricht eher der Schwäche des Greises. Charles Dickens, obgleich in seinem Werk so viele Großväter und kinderfreundliche Alte vorkommen, wendet sich mit heftigen Worten gegen die in seiner Zeit übliche Sentimentalisierung des Alters: »Wir nennen es einen Zustand ähnlich dem der Kindheit, aber es ist ihr armseliges und eitles Trugbild, so wie der Tod ein Trugbild des Schlafes ist. Wo sind in den Augen des alten Mannes Licht und Leben, wie sie aus den Augen der Kinder lachen? ... Stellt das Kind und den in die Kindheit zurückgefallenen Greis nebeneinander und errötet über diese Eitelkeit, die den glücklichen Anfang unseres Lebens verleumdet, indem sie dieser schrecklichen und krampfhaften Nachahmung ihren Namen gibt.«

Die Familiarisierung der Aufgaben des alten Mannes beginnt im 18. Jahrhundert. Auch sie geht einher mit der medizinischen Beschreibung des alten Menschen, die den seit der Antike gültigen politischen Gedanken einer staatsmännischen Autorität ab- und auflöst. Deshalb ist wieder ein Arzt der erste, der Gesundheit und Familienglück von einander abhängig macht. »Auch ist die Gemüthsstimmung für Alte«, so empfiehlt 1796 Christian Wilhelm Hufeland in seiner *Makrobiotik oder die Kunst, das menschliche Leben zu verlängern,* »sehr passend und heilsam, die der Umgang mit Kindern und jungen Leuten hervorbringt; ihre unschuldigen Spiele, ihre jugendlichen Einfälle haben gleichsam etwas Verjüngendes.« Van Swieten fängt die Gefahr der Entwürdigung auf, indem er den Alten mit einer Sorge belastet und dem privaten Glück die Dringlichkeit einer öffentlichen Aufgabe beimißt. Cicero mißverstehend, überträgt er das Modell des pater familias ins Private. Während bei dem antiken Politiker der Hausherr zugleich Staatsperson war, versteht ihn van Swieten im modernen, und das heißt im Sinne des 18. Jahrhunderts, als »père de famille«. Die Intimisierung seiner Funktion beschränkt ihn nun auf die Sorge um seine Nachkommen; auf diesem Umweg, das ist des Arztes Trost, sorgt er auch für die Zukunft des Staates und das Wohlergehen der Bürger.

Das Alter dient nun der Jugend, steht also mittelbar noch mit ihr in Verbindung. Der ehemalige Geront wurde bürgerlicher Stamm- und Erbvater nachfolgender glücklicher Generationen: »Wenn ein Greis seine ihm ähnlichen Söhne betrachtet, die seinen Freunden, seinen Mitbürgern und dem Vaterland die gleichen Dienste leisten werden und so nach seinem Tod sein Fehlen nicht so schmerzlich empfinden lassen – wie sehr muß er sich da freuen!« Damit hat der Großvater seine Autorität wieder zurückgewonnen; als Erzieher und Erblasser kann er von der Jugend nicht übersehen werden, auch wenn er keine Macht mehr ausübt.

Die ökonomische Organisation der Familie wird nun zu einer liebevollen Kommunikation zwischen Alt und Jung, zwischen Ahn und Enkel umgedeutet. Wie die Ehefrau seit dem 18. Jahrhundert nicht mehr nur Handelspartner ist, eine Mitgift einbringt und die Kinder erzeugt, die den Besitz tradieren, sondern ein Mensch, der geliebt sein will und selbst liebt, so darf sich der Erblasser seine Erben als seinesgleichen wünschen. Erbschaft beginnt daher mit der Erziehung, und dies ist eine Aufgabe, für die sich gerade der weise Alte eignet. Die beiden, Ahn und Enkel, treten nun gemeinsam das Geniereisle an.

Wie wenig diese Rolle noch im 20. Jahrhundert trägt, zeigt Italo Svevo, der in seiner *Novelle vom guten alten Herrn und vom schönen Mädchen*, einer zynischen Abrechnung mit dem Alter, seinen Helden, der für die Liebe zu alt geworden ist, Trost in der Erziehung der Jugend suchen läßt: »Der alte Herr machte die Entdeckung, daß der Jugend auf dieser Welt etwas fehlte, durch das die Jugend noch schöner werden würde: gesunde alte Menschen, die sie lieben und ihr beistehen.« Der Erzähler kann sich eines ironischen Lächelns über diesen Selbstbetrug nicht erwehren: »Dem alten Herrn zufolge hing die Zukunft der Welt, das heißt die Kraft der Jugend, die diese Zukunft bildet, vom Beistand und von den Belehrungen durch die alten Menschen ab.«

Italo Svevo konnte spöttisch werden, weil er die Zukunft der Emanzipation nicht voraussah. Berufstätige und geschiedene Töchter sind heute auf ihre alten Eltern angewiesen: diese unterstützen sie finanziell und helfen bei der Erziehung der Enkel. Der Großvater teilt dabei seine Macht mit der Großmutter. Jener mag, wie bei Victor Hugo, der gerührte Spielgefährte der Enkel bleiben, diese überbietet ihn in der praktischen Kompetenz der Ernährung und Wartung. Gespräche mit Großvätern langen heute rasch beim Gegenstand ihres Entzückens an, dem sie sich meist haltlos hingeben. Buchseiten nehmen ihre Poesien nicht mehr ein, die Telefonleitungen aber surren von ihren Hymnen.

Großeltern erobern sich mit ihrer Hilfsbereitschaft eine Macht, die sie als Eltern ihren Kindern gegenüber kaum je besaßen. Sie beweisen den Jungen, die nach wenigen Jahren das Experiment der Ehe abgebrochen oder gar nicht versucht haben, für die also Familie keinen Sinn hat, wie wichtig jene scheinbar vergangene Institution ist. Die Alten sind im Jahrhundert des Singles die Träger der Familienideologie. Die Propaganda für die Familie, die alle Parteien gegen den Trend zur Familienlosigkeit setzen, findet bei den Großeltern am ehesten Gehör; Wahlplakate mit entzückenden kleinen Kindern zielen weniger auf die Eltern, die ihre Kinder nicht nur als Lust, sondern auch als Last empfinden, sondern auf die Großeltern, die Alten, als einer ständig wachsenden Wählerschicht. Der liebevolle Opa des 19. Jahrhunderts, der fürchten mußte, mehr und mehr beiseite geschoben zu werden, hat sich – mit Hilfe von Frau und Tochter – zur finanziellen und sozialen Stütze der Gesellschaft entwickelt.

### *Der große Alte*

»Er saß, den Kopf auf die Hände gelegt, der Wind blies ihm die Silberhaare seines Bartes durch die Finger; er sah in die Ferne auf das Meer hinaus, und die kleinen, grünlichen Wellen rollten sich gehorsam zu seinen Füßen und streichelten sie, als wollten sie dem alten Magier etwas von sich erzählen... Er erschien mir wie ein uralter, lebendig gewordener Stein, der Anfang und Ausgang aller Dinge weiß und bedenkt, wann und wie das Ende der Steine, der Gräser der Erde, der Wasser des Meeres, des ganzen Weltalls vom Sandkorn bis zur Sonne sein wird. Und das Meer ist ein Teil seiner Seele, und alles um ihn kommt von ihm, aus ihm. In der sinnenden Regungslosigkeit des alten Mannes empfand ich etwas Schicksalsvolles, Magisches.«

Dieser »Urgreis«, Lew Tolstoi, den Thomas Mann beschreibt – er übernimmt eine Passage aus einer biographischen Erzählung Gorkis –, ist nicht jener verstimmte ältliche Ehemann, der, mit seiner Frau zankend, den jungen Rilke empfängt. Der russische Romancier gibt einer Fiktion seinen Namen, an der um die Wende vom 19. zum 20. Jahrhundert viele Schriftsteller gearbeitet haben: dem Bild vom großen Alten. Von Platon über Goethe bis Adenauer, von Leonardo und Tizian bis zu Mommsen und Tolstoi reicht die Reihe dieser Auserwählten. Ihr Glanz beleuchtete noch das Konterfei des gewöhnlichen Großvaters, der sich mit seiner liebenswürdigen Nebenrolle begnügen mußte. Das 19. Jahrhundert ist unermüdlich damit beschäftigt, große Alte zu entdecken. Noch Gottfried Benn erstellt am Anfang des 20. Jahrhunderts einen Katalog der großen Alten der Weltgeschichte, wobei er bemerkt, daß Künstler, auch schon in früheren Zeiten, das höchste Alter erreichten: »Tizian 99, Michelangelo 89, Frans Hals 86, Goya 82, Hans Thoma 85, Liebermann 88, Munch 81, Degas 83, Bonnard 80, Maillol 83, Donatello 80, Tintoretto 76, Rodin 77, Käthe Kollwitz 78, Renoir 78, Monet 86, James Ensor 89, Goethe 83, Shaw 94, Hamsun, 93, Maeterlinck 87, Tolstoi 82, Pontoppidan 86, Verdi 88, Richard Strauss 85, Pfitzner 80.«

Die Anbetung, die das Genie des Alters nun erfährt, kontrastiert die Funktionslosigkeit, zu der diese Lebensphase die meisten verurteilt hat. Das Podest des großen Alten ist sein Werk, sein Ornat sind die rühmenden Worte seiner Bewunderer. »Dieser wissende, allverbundene, sinnende Urgreis« – so Thomas Mann – hat den Zustand der »Reinigung«, der »Verwesentlichung« erreicht – so Paul Stöcklein, dessen Aufsatz *Stil des Alters bei Platon und Goethe* alle Formeln dieses Kultes vereinigt; »Der Geist leuchtet«, das Werk selbst, aus dem der »Zaubergeist des Meisters« spricht, erklingt als »Melodie des Rühmens«; der große Alte steht »im Herbstlicht«, »die tätige Entwicklung seiner Kraft« – so Georg Simmel – »ist Selbstzweck, von vornherein im Unvergleichbaren«, ein »metaphysisches Glück«. Der Höhenblick der Alten von ihrem Sockel aus Worten herab reicht in die Ewigkeit. »Gewissermaßen dem Jenseits nähergerückt, erblickt der Greis bereits mehr davon«, stellt Stöcklein in der Nachfolge Platons fest. Diese Ewigkeit reicht über die frühere Idee einer ewigen Jugend hinaus. Wen göttliche Dauer umgibt, der bedarf der irdischen Macht nicht mehr. Die Konkurrenz mit der Jugend ist seiner nicht würdig; der große Alte kostet es geradezu aus, alt zu sein.

An den neunzigsten, dann hundersten Geburtstagen von Ernst Jünger und Hans-Georg Gadamer zeigte sich, daß inzwischen die Rede über das Alter im Vergleich zu solch hymnischer Verehrung prosaisch geworden ist: Man wundert sich über die medizinische Kuriosität, glaubt aber nicht mehr, daß sich diesen Uralten eine grundsätzlich neue Welt erschlossen habe.

Historisches Denken ist die Voraussetzung für die Apotheose des großen Genies im Alter: in ihm ist eine unwiederholbare Epoche zusammengefaßt, die Zeit der frühen Jugend bleibt noch im Alter vergeistigt gegenwärtig. In jener Phase des Lebens, da sich das Individuum selbst zur Geschichte wird, ist die Geschichte sein eigentlicher Gegenstand. Es taucht in sie ein wie in einen Jungbrunnen. Cicero hätte sich niemals, wie Goethe, selbst historisch werden können. Der Rückblick in die – kollektive oder individuelle – Vergangenheit beschäftigt seit dem 18. Jahrhundert mit Vorliebe alte Männer. Bis zum heutigen Tag zählt die Geschichtsschreibung zu ihren bevorzugten Lektüren, und wenn sie sich an der Universität noch fortbilden, so besuchen sie vor allem geschichtswissenschaftliche Vorlesungen, im Unterschied zu den Frauen, die lieber in literatur- und kunstwissenschaftliche Veranstaltungen gehen. Das Schreiben von Memoiren und Autobiographien wird bei bedeutenden Geistern zur Sitte, die sie als Pflicht verstehen. Jacob Grimms Bild vom blinden Sänger, der die Geschichte eines Volkes aufzeichnet, wirkt in diesem Versuch, die Vergangenheit für die Nachwelt zu bewahren, weiter. Nun ist es der Historiker und Gelehrte, der die bewahrende Tätigkeit des Sängers übernimmt; die politische Funktion des alten Staatsbürgers wird poetisiert: »Erst dem höheren Alter war es beschieden, eine ewigjunge Dichtung hervorzubringen.«

Die Konsequenz, die Grimm für sich selbst als Gelehrter aus dieser These zieht, ist sonderbar genug. Nicht einmal eine Amtsenthebung, wie er sie Jahrzehnte früher hatte hinnehmen müssen, könnte seinen Studien Abbruch tun; ob im Amt und also an der Macht oder nicht, die Bibliothek steht ihm jederzeit offen. Nicht einmal Altersschwäche und Krankheit behindern notwendig die Geistestätigkeit des Gelehrten, so daß er sich stets für ein nützliches Mitglied der Gesellschaft halten darf. Grimm fürchtet nur *eine* Schwäche: den Verlust des Augenlichts. Grimms Angst vor dem Alter prüft Auge und Gehör. Was von beiden zu verlieren ist das größere Unglück? Grimm löst das Problem durch die Unterscheidung von archaischer, mündlicher Kultur und moderner Schriftkultur: »doch nirgends ist die verschiedenheit des altertums von unsrer gegenwart stärker ausgeprägt als in den ganz abweichenden richtungen, die den einfachsten verhältnissen des lebens durch neue, in ihrer fernen wirkung unaufhaltbare anstalten gegeben wurden. die seit erfindung der druckerei bald allgemein durchgedrungene verbreitung des lesens, das dem geist unablässige nahrung zuführt, muste hier zu innerst eingreifen. im alterthume, dünkt mich, war das losz des blinden günstiger, das des ertaubten schwerer. der blinde, dem sein früheres leben eine menge von bildern eingedrückt hatte, bewahrt sie treu im gedächtnis, was braucht er noch viel neues zu sehen? er zehrte am alten gut und aus dem munde andrer wurde es ihm unaufhörlich gemehrt. da die kraft des gedächtnisses durch innere sammlung, unter abgang des zerstreuenden augenlichtes unglaublich steigt, so waren aufgeweckte blinde vorzugsweise für den gesang und das hersagen der volkslieder geeignet, und es ist kein blozer zufall, dasz nicht nur unsern vorfahrn blinde von dem hürnen siegfried sangen, auch bei den Serben findet sich bis auf heute der volksdichtung edelste blüte eben im munde und gedächtnis blinder greise aufbewahrt.« In der Moderne aber, da alle Kultur durch das Lesen angeeignet wird, ist blind zu werden das größere Übel im Alter. Der Verlust der Fähigkeit zu sehen würde dem Alten die Rückkehr in die Vergangenheit versperren und diese eigene Art von Verjüngung, die dem Gelehrten zusteht, verhindern.

Die »Wesensformel«, die Stöcklein, Simmel folgend, für die Existenz der Uralten findet, macht sie zu Grenzgängern zwischen zwei Welten. Sie nehmen Züge des Schamanen an: »Das Alter schafft sich eine neue Äußerungsform, in der das Mythisch-Sinnbildliche, das nicht wörtlich zu nehmen ist, sich untrennbar durchdringt mit dem wörtlich zu Nehmenden, mit der ernst-genauen eigentlichen Anschauung des Denkers. Wir haben schon früher von der Neigung des Alters zum Mythos gesprochen.« Das Wesen dieses »sternenklaren Altersgeistes« zeige sich in seiner »Entrücktheit«, diese tritt in der »zeremoniellen Langsamkeit« der Gesten hervor, die die »lehrhaft strenge Art eines Gildemeisters« nicht scheut. Gleichzeitig begegnet sie sich selbst mit einer »unvergleichlichen Art feiner Selbstironie«, aber: »Der Humor geht ins Große.«

In diesem Standbild erkennt man unschwer die Züge Goethes. Er ist der Magnet, der alle Ruhmesfloskeln auf sich zieht. Sobald er – etwa zur Zeit der Gründung der Goethe-Gesellschaft in den achtziger Jahren des 19. Jahrhunderts – aus dem Schatten Schillers hervortrat, wurde sein Werk als

Hintergrund seines Lebens gelesen. Selbst die naturwissenschaftlichen Schriften Goethes – deren wissenschaftliche Qualität fragwürdig ist – sollten zeigen, daß er in die Geheimnisse des Alls eingeweiht war. »Schmähung« der Natur, so stellt Stöcklein fest, sei dem Dichter »Gotteslästerung« gewesen. Der alte Goethe steht der Natur von Angesicht zu Angesicht gegenüber. Ähnlich wie Tolstoi, der zwischen Wind und Wellen sitzt, so reicht auch Goethe in den Kosmos hinein und wendet sich »im Alter einem Sternenglauben« (Stöcklein) zu, »denn wir sind Geschöpfe, die nicht irdischen, sondern himmlischen Ursprungs sind«.

Heine hatte den Weimarer Dichter im 2. Teil der *Reisebilder* noch als »Wolfgang Apollo«, als jugendlichen Gott, apostrophiert, ihn aber im ersten Buch der »Romantischen Schule« zum Göttervater Jupiter reifen und altern lassen: »Goethes Auge blieb in seinem hohen Alter ebenso göttlich wie in seiner Jugend. Die Zeit hat auch sein Haupt zwar mit Schnee bedecken, aber nicht beugen können. Er trug es ebenfalls immer stolz und hoch, und wenn er sprach, wurde er immer größer, und wenn er die Hand ausstreckte, so war es, als ob er mit dem Fingern den Sternen am Himmel den Weg vorschreiben könne, den sie wandeln sollten. Um seinen Mund will man einen alten Zug von Egoismus bemerkt haben; aber auch dieser Zug ist den ewigen Göttern eigen, und gar dem Vater der Götter, dem großen Jupiter, mit welchem ich Goethe schon oben verglichen.« Der Wohnsitz der göttlichen Alten oder neuen Götter des Bürgertums, Goethes und Tolstois, wird zum Wallfahrtsort, in der Diktion Thomas Manns zum »Gnadenort«: »Weimar und Jasnaja Poljana. Heute gibt es keinen Punkt in der Welt, von dem Kräfte ausstrahlten wie von diesen, keinen gnadenstarken Wallfahrtsort, wohin die Sehnsucht, die vage Hoffnung, das Verehrungsbedürfnis der Menschen pilgerte wie dorthin zu Anfang des neunzehnten und zu Anfang des zwanzigsten Jahrhunderts.«

Nach solchem Verehrungstaumel wirken Benns Sarkasmen, so trüb er, ganz 20. Jahrhundert, die Aussichten des Alters auch malt, wie eine Befreiung: »Ein Römer der Kaiserzeit wurde fünfundzwanzig Jahre, aber ihn trug die römische Virtus, heute erweichen sie vor Prophylaxe und kommen vor Reihenuntersuchungen kaum noch nach Hause.« Benn, inzwischen selbst ein alter Arzt, der »Altern als Problem für Künstler« erkennt, tut die Idee von Glück und Würde des Alters als Aberglaube ab: Goethes Alterswerk *Faust* stehe schon nahe beim Tischrücken.

Die historische Wissenschaft, die wenig Sinn für bewundernde Worte hat, bemächtigt sich mit ihren lakonischen Feststellungen von nun an nicht nur des Körpers, sondern auch des Geistes: »Aber die Lage wird anders, wenn der Autor«, so stellt Benn resigniert fest, »so sehr in die Jahre gekommen ist, so senil geworden ist, daß über ihn selber Bücher erscheinen, Arbeiten, mit denen die folgende Generation promoviert, Doktorarbeiten im In- und Ausland, in denen er analysiert, systematisiert, katalogisiert wird ... für diesen Autor ist es seine Vivisektion, der er beiwohnt.« Paradoxerweise eröffnet sich damit dem Künstler doch wieder eine neue und bis heute letzte Chance der Verjüngung: das verehrende Publikum, und in seinen Reihen die Studentin, die Doktorandin – die Geliebte! Auch Benn hat sie wahrgenommen.

*Der Lebensmüde*

Im Diskurs über das Alter werden erstmals im zwanzigsten Jahrhundert sarkastische Motive ausgesprochen, die anstelle der Selbstverteidigung sogar bis zur Selbstzerstörung gehen. Melancholie und Intelligenz verbinden sich zu einer finsteren Diagnose. Alle Trostreden verstummen in Jean Amérys

Schrift *Über das Altern. Revolte und Resignation*: »Was da immer dem Alternden empfohlen wird, wie er sich mit dem Niedergang abfinden, ja diesem allenfalls sogar Werte abgewinnen könne – Adel der Resignation, Abendweisheit, späte Befriedung –, es stand vor mir als niederträchtige Düperie, gegen die zu protestieren ich mir mit jeder Zeile aufgeben mußte.« Sobald der Körper versagt, wird er – nicht nur bei Améry – mit Haßtiraden verfolgt. Sogar Hermann Hesse, der für die Welt die Heilsvorstellung einer pädagogischen Provinz gerettet hat, schwindet angesichts des körperlichen Abbaus aller Glaube an die tröstende Kraft des Geistes: »Man stirbt ja so verflucht langsam und stückchenweise: Jeder Zahn, Muskel und Knochen nimmt extra Abschied, als sei man mit ihm besonders gut gestanden.« Die Beschreibung der körperlichen Schwäche, die bislang den komischen und satirischen Gattungen vorbehalten gewesen war, geht nun den Überlegungen über das Alter voraus. Wo die Kraft zur Verspottung und zur Komödie versiegt, beginnt der Nihilismus der Verzweiflung.

Auf den Verfall des Körpers richtet sich Amérys ganzer philosophischer Scharfsinn. Gerade aus der Analyse des Alterns will er eine grundsätzliche Einsicht über Existenzformen und Wahrnehmungsweisen des Subjekts gewinnen. Der »Materialisierungsprozeß«, den das Altern darstellt, ist nur förderlich, wenn er zur Erkenntnis führt: »Schmerz und Krankheit sind Verfallsfeste des Körpers, die dieser sich und mir veranstaltet, auf daß ich ganz in ihm aufgehe und damit im entzündlichen Prozeß, der zwar mich herabsetzt in meiner Funktionalität, mich aber steigert in dem nur mir gehörenden Unmittelbaren, an Ich zunehme.« Altern, dieses »Weltmißlingen«, ist eine existentielle Herausforderung, die dem »Menschen letzte Fragen aufschließt«. Amérys Wut über das verlorene Leben rettet sich in eine Philosophie, die sich vom Körper belehren läßt.

Die Helle des Bewußtseins, in die der nahende Tod das Subjekt stößt, führt, ohne daß der Autor sich das eingestehen wollte, die traditionelle These von der höheren Weisheit des Alters fort. Doch teilt Améry nicht die Hoffnung auf Erlösung durch Vergeistigung; das an den Körper gebundene Subjekt muß seine stete Zerstörbarkeit und endgültige Zerstörung reflektieren: »Ich bin Ich im Altern *durch* meinen Körper und *gegen* ihn: ich war ich, als ich jung war, *ohne* meinen Leib und *mit* ihm. Die Quantität meines sich gegen die Vernichtung hin bewegenden Körpers wird zur neuen Qualität eines transformierten Ich.« Krankheit ist demnach nicht eine einmalige, zufällige Aggression gegen den Körper, sondern dessen Normalzustand. Der Körper reift gewissermaßen in die Krankheit hinein.

Eine Selbstreflexion, die vom zerfallenden Körper erzwungen wird, führt zu Depression oder Zynismus. Selbstbewußtsein, ein narzißtisches Vergnügen, pervertiert im Alter zur Selbstzerstörung. So entsteht die Paradoxie, daß das Selbstbewußtsein wächst, je mehr es zerfällt: »Das Verhältnis des Alternden zu seinem Körper ist ein narzißtisches, nur daß die Verliebtheit in das Spiegelbild keine eindeutige mehr ist, sondern eben eine Überdruß-Liebe, in der der Überdruß sich selbst liebt und die Liebe ihrer tief überdrüssig ist.«

1968 erschienen, verrät der Untertitel von Amérys Buch, *Revolte und Resignation*, die existentialistische Herkunft und zugleich die Nähe zur Studentenbewegung, jenes letzten und zu großen Teilen auch erfolgreichen Aufstands der Jugend gegen die Autorität der Erwachsenen. Von diesem Zeitpunkt an hat die Jugend in allen Bereichen der Kultur die Herrschaft übernommen. Die »Resignation« aber gesellt sich nicht zufällig in Amérys Titel der »Revolte« hinzu: kein vergeblicherer Aufstand ist denkbar als der des Alters und der Alten gegen die Jungen. Améry, der Verehrer Sartres, beobachtet bei einem Auftritt des französischen Philosophen, wie die Jugend, die ihn bewundert, ihn gerade durch diese Ergebenheit seiner Identität beraubt. Die Jugend lausche zwar dem alten Mann, aber nur, um ihm das Wort im Munde herumzudrehen: »Aber auch er ist schon, was er war, und auch ihm stehlen die jungen Menschen, die da, vom Vortrag kommend die Straße überqueren, die Welt, die sie aus seiner zu der ihren zu machen im Begriffe stehen.«

Amérys Ausführungen über das Alter nehmen sich den Stil der neueren französischen Philosophie zum Vorbild, doch versucht Améry, den existentiellen Gestus, das »Weltmißlingen« im Alter, mit Kants Vorstellungen von Raum und Zeit zu fassen. Sein Buch ist ein verspäteter Beitrag zur idealistischen Transzendentalphilosophie deutscher Prägung. Die Opposition Jugend–Alter will er daher als notwenigen Bewußtseinswandel verstehen, der durch die biologische Entwicklung erzwungen wird, und nicht als zufällige und gelegentliche Reaktion auf ein subjektives Scheitern. Der Jugend fehle noch das Zeitbewußtsein: »Dem Jungen wird die Nichtumkehrbarkeit der Zeit in deren voller Unbarmherzigkeit nicht gegeben. Herbst, Winter, Frühling, Sommer und wieder Herbst. Es liegen solcher Jahreszeitenwechsel noch viele vor ihm. Was in diesem Frühjahr sich nicht hat einstellen wollen, wird im nächsten kommen, im übernächsten, in irgendeiner der zwar objektiv leicht vorzählbaren, subjektiv jedoch wahrhaft als zahllos erscheinenden Frühlingszeiten, die ihm noch Welt und Raum aufbereiten werden. Erst der Alternde, der auf einmal die Herbste und Winter schreckhaft genau zu zählen weiß, da er sie doch mißt an den vergangenen und in ihn eingegangenen, versteht das Zeitvergehen als Irreversibilität.« Aus solchem Zeitempfinden geht ein spezifisches Vermögen des alternden Menschen hervor, die Erinnerung. Das 19. Jahrhundert hatte die Beschäftigung mit der Vergangenheit entdeckt. Es ist das Jahrhundert der Memoiren und Autobiographien. Die Würde des Greises besteht nicht mehr in seiner unnahbaren Autorität, sondern in der Fähigkeit, Zuhörer oder Leser in die romantische Ferne seiner eigenen Geschichte zu entführen. Améry gönnt den Alten auch diesen Trost nicht. Sobald der Geist keine Kraft mehr besitze, die Erinnerung zu einer geschlossenen Erzählung zu gestalten, löse sie sich auf in Chaos und Gedankenflucht.

Das Zeitgefühl nehme im Alter zwar zu, doch schwinde das Raumempfinden und mit ihm gerate das gesamte Koordinatensystem des Bewußtseins ins Wanken. Die Bewegungslosigkeit, die der Mensch körperlich wie psychisch erfährt, erfordere eine Umorientierung des Wahrnehmungssystems. Zunächst zwar habe es den Anschein, als ersetze die Zeit im Bewußtsein den Raum. Améry konstruiert, um den Raumverlust sinnfällig zu machen, die Situation eines kranken, in ein Zimmer eingesperrten Alten, wie ihn die traditionelle Altersrhetorik nicht wahrhaben wollte: »Er richtete sich ein, auf die Dauer, der Raum ging ihm nicht ab, nachdem er einmal sich zufriedengegeben hatte mit dem Faktum des Weltentzuges. Mit um so größerer Seinsdichte aber stellte sich die gelebte Zeit ein, die in ihm von Minute zu Minute, Sekunde auf Sekunde Vergangenheit wurde, so daß die vor einer Stunde genossene Suppenmahlzeit nicht weniger weit weg von ihm war als das eben erinnerte Kindheitserlebnis. Er war schon halb enträumlicht, da entdeckte er einmal und für immer, daß gelebte Zeit unter bestimmten Umständen aufkommen muß für Welt: jene war ganz sein Eigentum und seine Eigentlichkeit, durch diese aber wurde man ständig düpiert.«

Je mehr sich der alternde, räumlich ein- und ausgesperrte Mensch mit Zeit anfüllt, desto ungeordneter flutet sie durch sein Inneres. Die Fülle der Erinnerungen aber bewirkt, anders als zu erwarten, eine Auflösung der inneren Orientierung. Wer die Ereignisse vom räumlichen Ambiente, in dem sie einmal geschehen sind, ablöst, wer sie herruft und wieder entläßt, wann es ihm beliebt, wer mit ihnen spielen kann, wird haltlos und gerät in Verwirrung. Die Vergegenwärtigung eines Nichtgegenwärtigen, der Vergangenheit also, ähnelt dem Wahnsinn: »Die Psychiater lehren uns, daß die Geisteskranken desorientiert seien im Raume und in der Zeit ... Der Alternde, wenn er hinabtaucht in die Zeit, fällt, wie Wasser von Klippe zu Klippe geworfen, in ein Ungewisses ... Das Vor-fünf-Jahren-war's oder vor vieren [ist] ihm oft nicht ganz gewiss ... Belangreicher aber ist, ... daß er ›vor-fünf-Jahren‹ nicht anders spürt als ›vor-fünfzehn‹, daß zwar die einzelnen Zeitschichten ihre spezifischen Gewichte für ihn wechseln, solcher Wechsel jedoch nichts zu schaffen hat mit der Chronologie. In diesem Sinne lebt, wer seine Zeit entdeckt ganz und gar unhistorisch.«

Das Gewoge der Zeiten, das Améry beschreibt, hat nichts gemein mit der chronologischen Ordnung des Erzählens, die Jacob Grimm an den alten Sängern und Gelehrten rühmte. Amérys Sarkasmus entdeckt eine andere, dieser Lebensphase angemessenere literarische Form: die Lyrik. Der verwirrte, quasi-lyrische innere Monolog des Alten ähnelt der Redeweise der modernen Dichtung, das monotone Gemurmel tendiert zur minimal art. Sein Basso continuo ist der Tod. Vor ihm versagt alle geordnete, erzählende Sprache. Wer dennoch spricht, gibt Grammatik und Logik auf: »Schon macht die Welt, deren Abbild die Logik ist, sich davon ... Die Urkontradiktion, der Tod, erwartet uns und zwingt uns, logisch unsaubere Sätze zu bilden, wie ›wenn ich nicht mehr bin‹. Er ist schon in uns und schafft Raum für Zweideutigkeit und Widerspruch. Wir werden Ich und Nicht-Ich.« Jenseits der Logik aber beginnt die Poesie, der reine und das heißt der Nichts-sagende Ausdruck: »Wer sich einläßt auf das Denken des Undenkbaren, dem bleiben jedenfalls Wörter, die mag man Gedanken nennen oder auch nicht. Auch sie ziehen sich zu ganz wenigen zusammen. Das Todesdenken wird zu einer monotonen und manischen Litanei, die eine unableugbare Ähnlichkeit hat mit gewissen Erzeugnissen moderner Poesie: Ich werde sterben sterben werde ich sterben ich werde werde ich sterben sterben ich werde ich werde sterben.« Dies »lyrische Todesgestotter«, das »todespoetische Geplapper«, ist »der grundhäßliche Kitsch des abendbesonnten Idylls«. Das schöne Bild vom freundlichen Alter habe nur zustande kommen können, weil die Erfindungsgabe des Menschen sich die Ewigkeit ausgedacht und die Vergänglichkeit bagatellisiert hatte.

Die rhetorische Fiktion eines glücklichen Alters ist mit Amérys Analyse untergegangen; das ist die Bedingung dafür, daß das Alter endlich wieder aufersteht – als wohlversorgter Ruhestand.

*Senioren und Seniorinnen*

Heute ist die früher so problematische Phase des Alters bei vielen die glücklichste ihres Lebens. Sie liegt zwischen dem Austritt aus dem Berufsleben und dem Eintritt ins Altersheim. Alte, die noch über alle ihre Fähigkeiten, körperliche wie geistige, materielle wie kulturelle, verfügen, nennt man inzwischen Senioren: sie haben ausreichend Zeit und Geld, um sich die ihrem Lebensstandard entsprechenden Träume zu erfüllen. Die Amerikaner, erfindungsreich in Kunstwörtern, nennen sie »Selpies«, d. h. »second life people«, auch »Woopies«, »well off older people«, oder »Wollies«, die »well income old leisure people«, oder sie entlarven die »Unterhundertjährigen«, die »Uhus«, als »Grampies«, als »grown active moneyed people in excellent state«. Diese Bezeichnungen klingen eher wie Namen für Dinosaurier denn wie Abkürzungen soziologischer Analysen, sie spielen besonders auf die Gunst der ökonomischen Lage der Senioren an. Sie gelten als die »master consumers«, die, wie 1996 ein Report in »Media Perspektiven« feststellte, auch in Deutschland fast über die Hälfte des frei verfügbaren Pro-Kopf-Einkommens, d. h. nach Abzug von festen Kosten wie Miete, Versicherung, Hypotheken, verbrauchen können. Auch ihr Selbstbewußtsein ist gesichert, denn Alte fühlen sich durchschnittlich um 14 Jahre jünger, als sie es sind, und glauben, daß sie 8 Jahre jünger aussehen. Diese Diskrepanz zwischen Selbsteinschätzung und Wirklichkeit steigt, so stellt der Report fest, mit zunehmendem Alter und bei Personen mit hohem sozialem Status und guter Bildung. Solange dieses bequeme Alter nicht durch Krankheit gestört ist, erlaubt es, den Glückszustand mehr als in der Jugend zu genießen. Die ökonomische Sicherheit ist dabei nur die Voraussetzung für ein viel höheres Glück: die Freiheit, vor allem die von der Arbeit.

Im bürgerlichen Leben beginnt das Alter mit dem Austritt aus dem Berufsleben. Könige und Päpste gehen nicht in Rente. Keiner aber schämt sich, seinen Eintritt in diese scheinbare Randexistenz so früh wie möglich einzuleiten, sich also so früh wie möglich den Alten zuzählen zu lassen. Man wird zwar immer älter, fühlt sich aber immer früher für den Beruf zu alt. Die Sprache, die heute mit allen sozialen Erscheinungen schonend umgeht, würde es denn auch nie erlauben, bei einem Frührentner zugleich an eine Frühvergreisung zu denken. Statt dessen zeichnet sie den aus dem Berufsleben ausgeschiedenen, noch gesunden und jungen Alten mit dem Titel Senior aus. Er gibt dem alten Adam eine Frau, die Seniorin, die freilich nicht ganz soviel Würde aus dem Titel zieht, denn er hat keine Tradition. Nicht zufällig kommt dieses Fremdwort ursprünglich nicht aus dem Amerikanischen: Es zitiert eine lange europäische Tradition und stattet damit den jungen Alten mit mehr Würde aus, als ihm zusteht. In ihm aufersteht die Erinnerung an den »senex« und gar an den römischen Senator; man mag dabei auch an den Senior einer großen Firma des 19. Jahrhunderts denken, an den Doyen einer angesehenen Familie, an den alten Herrn einer Studentenverbindung. Altersheime nennen sich deshalb vornehm Seniorenresidenzen, als seien sie Häuser für Senatoren und Residenzen von Fürsten.

Die Bewegungsfreiheit verleiht dem Alter ein aristokratisches Flair. Zwar herrscht der alte Mann nicht wie ein Grandseigneur und seine Gemahlin ist keine Grande Dame, aber er genießt, als wäre er einer. Er geht auf Reisen wie der Adelige auf die Grand Tour, er besucht Theater und Museen, auch wenn sie nicht gerade seine eigene Schloß-Galerien sind, er hat sein Gärtchen oder Ferienhaus, das, gemietet oder gekauft, ihm Lustschloß und Sommerresidenz ist, er bewegt seinen Körper in sportlichen Übungen, und wenn das nicht beim Reiten sein kann, so geschieht es beim Radfahren, und wenn er nicht ficht, so trimmt er sich, und wenn er nicht in der Staatskarosse fährt, dann eben im Jahreswagen, und wenn kein Hoffest stattfindet, geht er aufs Stadtfest, und wenn er keine Soireen veranstaltet, auf die sich Philosophen und Gelehrte drängen, so macht er die Universität zu seiner Akademie und läßt sich dort Vorträge halten über Gegenstände, die für ihn nichts sind als Spielerei.

In diesen späten Jahren erst realisiert sich jener Lebensstil, den die Mitglieder der Leisure-class allesamt gern führen würden. Dabei werden die aristokratischen Gesten verbürgerlicht. Die freie Bewegung des Aristokraten hat sich mit dem Ernst des bürgerlichen Bildungsideals angereichert und wird nun verstanden als freie Entfaltung der Persönlichkeit – heute »Selbstverwirklichung« genannt –, die während des Berufslebens nicht möglich gewesen war und wie eine Pflicht nachgeholt werden muß. Deshalb spielt für den Senior, für den weiblichen mehr noch als für den männlichen, Bildung eine große Rolle. Das Ansehen von Professoren und Kustoden schwindet zwar in der Gesellschaft, doch verschmerzen diese Berufsstände den Achtungsverlust leicht, weil sie, durch Universitätsvorlesungen und Museumsnächte, in den Senioren ein neues Publikum gefunden haben. Das Alter verschafft sich Nachhilfeunterricht in Allgemeinbildung. Diese konservative Rückwendung auf ein bürgerlich-aristokratisches Bildungsziel ersetzt, nach dem Ausscheiden aus dem Beruf, das Leistungsmodell, dem bis dahin der Angestellte täglich gehorchen mußte, und bewahrt ihn beim Übergang in die »totale Freiheit« vor einem schwindelerregenden Taumel.

So aristokratisch ist aber dann doch das bürgerliche Bewußtsein selbst im Alter nicht geworden, daß es sich gar mit seinem dandyhaften Nichtstun brüsten würde. Vor das aristokratische Ideal schiebt sich bei Senioren das des Managers. Senioren haben, wie diese, immer einen vollen Terminkalender, klagen über zuwenig Zeit und verschweigen geflissentlich, daß sie diese nur mit Vergnügungen und Bildungsübungen auffüllen.

Um der jugendlichen Lebensfreude im Alter, diesem neuen Volksglück, Inhalt und Gestalt zu geben, müssen also auch heute noch vorwiegend traditionelle Leitbilder bemüht werden. Da bis ins neunzehnte Jahrhundert nur wenige vom Schicksal Begünstigte hochbetagt und nur wenige Gebildete sprachgewandt genug waren, darüber zu schreiben, kommt in diesen Vorstellungen einer Elite – von Cicero bis zu Jacob Grimm – eine Lebensgestaltung für die vielen namenlosen Alten nicht vor. Heute werden solche Lebensmodelle deshalb aus den populären Träumen vom Lebensstil der Aristokratie und der ihnen folgenden bürgerlichen Oberschicht bezogen. Kategorien und Kriterien einer begünstigten Minderheit früherer Zeiten werden im zwanzigsten Jahrhundert auf eine gut versorgte Mehrheit übertragen.

An der Modellierung des Altersdaseins arbeiten viele Institutionen. Im Unterschied zu früheren Gesellschaftsklassen, die sich durch spezifische Verhaltensweisen konturierten und von anderen abschlossen, können Senioren zwischen den Klassen und ihren Lebensmöglichkeiten, den hohen und niederen, den jungen wie den erwachsenen, frei wechseln. Alles stellt sich ihnen zur Verfügung als »Freizeit-Angebot«. Inzwischen philosophieren nicht mehr einige wenige sprachmächtige Alte über das Alter, sondern viele Junge machen den stummen Alten Vorschläge zur Lebenshaltung und -gestaltung. Das Seniorendasein ist eine Existenzform, die sich tüchtige Spezialisten, Ärzte, Reiseunternehmer, Museumsleute, Universitätsprofessoren, für die ältere Generation ausgedacht haben; sie alle arbeiten am Patchwork »Altersstil«. Das Wort »Senior« ist, so sehr es den alten Herrn mit Wohlklang umgibt, ein Sammelbegriff, der soziale Unterschiede zugunsten einer unspezifischen Beweglichkeit nivelliert. Jugendliche streben nach einer individuellen Auszeichnung, Erwachsene haben sie, wenn es gutgeht, erhalten und werden von ihrem Beruf her, von ihren Erfolgen, ihren Kindern und Hobbies beurteilt. Senioren hingegen sind zuerst Senioren; sie treten gern in Gruppen auf, die nur vom Alter her definiert sind. Sie lassen sich verwöhnen durch Vergünstigungen, die mehr von ihrem Alter als von ihrem Charakter ausgehen: durch den Senioren-Paß, das Senioren-Menü, die Senioren-Fahrt, die Senioren-Führung, das Senioren-Studium, die Senioren-Universität, die Senioren-Sprechstunde, den Senioren-Sport, die Senioren-Meisterschaft, den Senioren-Lauf. (Was eigentlich gibt es für Senioren nicht? Das Senioren-Gymnasium, die Senioren-Disco, den Senioren-Garten, das Senioren-Buch, das Senioren-Ballett – alles, was die Senioren unwürdig kindisch erscheinen ließe! Senioren scheinen sich doch noch immer an den besten Mannesjahren auszurichten.)

Zu diesen Gunstbezeugungen der Gesellschaft kommt für den Senior auch noch das neue alte Eheglück hinzu. Alte Paare haben, weil sie eine neue Erscheinung sind, zwar noch keinen Redner und keinen Dichter gefunden, der sie priese; dennoch zeigt sich das Glück der gereiften Ehe massenhaft in den Straßen der Städte. Der Auftritt gehört dabei den Frauen. Bildungschancen, Quotenregelung und eigenes Talent haben sie ins öffentliche Leben hineingeführt, ihre Emanzipation bewegt sich voran als schleichender, aber unaufhaltsamer Prozeß. Über sie muß man sich keine Gedanken mehr machen. Zu sorgen aber hätte man sich diesmal eher um die Emanzipation der Männer über sechzig, der Rentner, Pensionäre, Kleinst-Akionäre, Spätstudenten, Weltreisenden. Trotz solch schmückender Titulaturen und Auszeichnungen, die sie als Geldgeber, Geisteshelden und Abenteurer ausweisen, hängen sie am Gängelband. Ein aus dem Berufsleben ausgeschiedener Mann entkommt seiner Frau nicht mehr. Für keinen Ausflug in die Freiheit und Selbständigkeit findet er noch ein hinreichend überzeugendes Argument: Freunde sind keine Kollegen mehr, mit ihnen muß man deshalb auch nicht unbedingt zu einem Geschäftsessen zusammenkommen; Reisen sind keine Geschäftsreisen mehr, deshalb kann die Frau den Mann begleiten; Frauen sind keine Sekretärinnen mehr, also kann Arbeit nicht mehr als Vorwand für Koketterie oder Affären herhalten.

Männer über sechzig sind im Haus, im Familienleben und im Kreis der Freundinnen ihrer Frauen gefangen. Diesen gewährt das Schicksal nach so langer Unterwerfung einen bescheidenen Sieg. Simone de Beauvoir verlegt den Beginn der Entmündigung der alten Männer ins 19. Jahrhundert, als in einem Schöpfungsakt das »Kind« und der »Großvater« entstanden. Auf den Boulevards trat damals der Großvater, der zu Hause mit den Enkeln spielte, dann doch noch als Herr auf. Durch die Familiarisierung der männlichen Existenz aber wird heutzutage der wahre Status des alten Mannes offenbar. Nachdem Senioren und Seniorinnen nicht nur viel reisen, sondern auch in ihren Heimatstädten gern konsumieren, gemeinsam frühstücken, einkaufen, ein kleines Mittagessen nehmen, bieten sie der ganzen Welt das Schauspiel ihres nachsommerlichen Einverständnisses. Die bevorzugten Bühnen zur Darstellung des bejahrten Glücks sind Reisebusse, Kaufhäuser und Kaufhausrestaurants, Wochenmärkte, Vorstadtfeste, die bevorzugten Tageszeiten des gemeinsamen Auftritts sind der Morgen nach der Öffnung der Kaufhäuser und die Lunch-Time. Das ältere Ehepaar tritt, obwohl nur aus zwei Mitgliedern bestehend, gern im Gänsemarsch auf: die Frau leitet die Entdeckungsreise in die Stadt, der Mann folgt, gutwillig, entspannt – und ein wenig verlegen. Denn nun werden die Territorien aufgesucht, in denen die Frau seit je Fachmann ist: Kleidergeschäfte, Lebensmittel- und Delikatessenläden, Haushaltswarenabteilungen. Die Prüfung der Konsumgüter obliegt den Frauen, der Mann darf sie mit einem Nicken oder Kopfschütteln begleiten. Was der Prüfung standhält und mitgenommen wird, darf er nach Hause tragen. Vom Kaufhaus sieht man die Gattin unbeschwert, den Gatten mit Plastiktüten bepackt zum Parkhaus schreiten. Der erfolgreiche Geschäftsmann ist zum Ladendiener seiner Frau geworden.

Die Existenz der Senioren könnte, gerade weil sie so unernst ist, in unserer leistungsorientierten Welt ein Korrektiv sein. Der reiche Polisbürger der Antike etwa, der immer schon ohne Arbeit dahinlebte, konnte nur alt und manchmal sogar lächerlich werden; heute heißt alt werden aber auch frei werden. Deshalb mag man sich die Karikatur Theophrasts, eines Schülers des Aristoteles, ungescheut anhören, der seinen Spott über den »Spätgebildeten« ausgießt, denn heute ist diese Existenz beneidenswert: »Späte Bildung erscheint wohl als eine Liebe zu Strapazen, die dem Alter nicht mehr entsprechen, der Spätgebildete aber ist einer, der im Alter von sechzig Jahren Verse auswendig lernt und, wenn er sie beim Gelage vorträgt, steckenbleibt. – Liebt er ein Mädchen, geht er mit Brecheisen gegen die Tür los, wird vom Nebenbuhler verprügelt und vor Gericht gezogen. – Aufs Land reitet er auf fremdem Pferd, versucht dabei Kunststückchen, fällt herunter und zerschlägt sich den Kopf. – Wenn er im Bad einen Ringkampf veranstaltet, wackelt er dabei mit dem Hintern, um als Könner zu erscheinen. – Und wenn Frauen in der Nähe sind, übt er einen Tanz, zu dem er sich selbst etwas vorträllert.«

Da dieser gealterte Affe heutzutage den Drill des Berufslebens hinter sich hat, weiß er auch seine Altersfreiheit als ein staatspolitisches Exemplum zu planen. Immer schon war es die Aufgabe der Alten, das Pedal der kulturellen Verzögerung zu treten, das jeder Fortschritt braucht. Vom Politiker Cicero, der den Fortbestand des römischen Staatswesens verteidigte, bis zum Großvater des 19. Jahrhunderts, der von der Vergangenheit der Familie, der Nation erzählte, werden die dauerhaften und also kulturellen Werte von Alten gehütet. Wie der Garten der Bereich ihrer körperlichen, so ist die Kultur der Bereich einer noch verbliebenen geistigen Beweglichkeit. Bis heute ist die Kultur, nach allen Desillusionierungen, die das Alter durch Medizin, Psychologie, Ökonomie hat hinnehmen müssen, die einzige gesellschaftlichen Verpflichtung, die dem Alternden auferlegt ist. Der technische und soziale Wandel rechnet insgeheim mit dem Senior, der mit seiner »ewigen Jugend« auch die kulturellen Werte ewig zu bewahren hilft.

## *Der alte Mann und das Mädchen*

»Man sollte nach Verhältnis immer frein,
Da Jugend sich und Alter oft entzwein.«

Die »Canterbury Tales«, in denen Chaucer den alten Männern diese Ermahnung erteilt, werden, wie vergangene Literatur überhaupt, nicht etwa deshalb weniger gelesen, weil die Leselust überhaupt abnimmt, sondern weil ihre Weisheit nicht mehr gilt. Heute herrscht ein der alten Lehre genau entgegenstehendes Gesetz: Ein Mann ist so bedeutend, wie der Altersunterschied zwischen ihm und seiner Frau oder Freundin groß ist.

Die Künstler sind die Stilbildner der bürgerlichen Gesellschaft. Sie zuerst haben die immer neue und immer jüngere Frau als lebensnotwenigen Epochenwandel in ihrem Schaffen ausgegeben. Casals war 75 Jahre alt, als er 1951 Marita Montañez kennenlernte, sie war vierzehn. Drei Jahre später wurde sie seine Schülerin, 1957 heiratete der Cellist die um 61 Jahre Jüngere. Picasso hat mit der Zunahme seines Ruhmes den Altersabstand zwischen sich und seinen Frauen immer weiter ausgedehnt: nachdem er sich mit 53 Jahren von seiner Ehefrau Olga Koklova endgültig getrennt hatte, lebte er zunächst mit Dora Maar, dann mit der 21 Jahre jüngeren Françoise Gilot zusammen, mit 74 Jahren verband er sich mit Jacqueline Rocque, im Alter von achtzig heiratete er sie.

Jede neue Frau bedeutet für den Künstler eine Verjüngung, die ihm zusteht, da Genie, diese Inkarnation göttlicher Schöpferkraft, kein Alter hat. Musen sind nun einmal ewig jung; wenn sie ihre überirdische Existenz aufgeben und herabsteigen in die Welt, altern sie allerdings und müssen deshalb immer wieder erneuert werden. Françoise Gilot erzählt in ihrer Autobiographie »Leben mit Picasso« von einem Besuch im Bankhaus des Künstlers: »Als wir an jenem Tag hereinkamen, musterte uns der Wächter und grinste breit. ›Was gibt es zu lachen?‹ fragte ihn Pablo. Der Wächter sagte: ›Sie haben Glück. Die meisten Kunden, die ich hier gesehen habe, kommen Jahr für Jahr mit derselben Frau, und sie sieht immer ein wenig älter aus. Jedesmal, wenn Sie kommen, haben Sie eine andere Frau, und jede ist jünger als die vorhergehende.‹« Der Bankangestellte deutet die Verjüngung als Gunst und Auszeichnung des illustren Kunden. Einem Bürger stand eine solche Vergünstigung bis dahin nicht zu. Casals amüsiert sich bei seiner Hochzeit mit der Frau, die seine Enkelin hätte sein können, über das Staunen seiner bürgerlichen Gäste: »Es blieb mir damals nicht verborgen«, schreibt er in seinen Erinnerungen *Licht und Schatten*, »daß manche Leute auf einen gewissen Altersunterschied aufmerksam wurden – und es ist ja wirklich nicht die Regel, daß ein Bräutigam dreißig Jahre älter ist als sein Schwiegervater.«

Mittlerweile ist es allerdings zur Regel geworden, daß der erfolgreiche Mann sich mit einer neuen Frau belohnt. Vom Germanistikprofessor, der sich seit den sechziger Jahren als revolutionslüsterner Bohemien verkleidete, bis zum Topmanager und Politiker von heute reicht die Oberschicht der Verjüngungskünstler, die sich als eigene Klasse von den historisch oder beruflich Zurückgebliebenen absetzt, die mit ihrer Ehefrau gemeinsam alt werden. In der demokratischen Gesellschaft werden Klassenunterschiede zwar nivelliert, aber durch Vergünstigungen ersetzt. Der nicht zu versteuernde Firmenwagen und die neue Frau, mit der man in die Boulevardblätter eingeht, sind die Rangabzeichen der Führungskräfte. Die junge Frau ist im wörtlichen Sinne der »Pour le mérite« des Erfolgreichen. (Die Auszeichnung wirft ein Licht auf die Angst dieser Gesellschaft vor dem Altern, die sich in den Bildern ihrer verjüngten Führungskräfte selbst verjüngt.)

Die junge Frau neben dem gereiften Mann tritt als Allegorie eines neuen zeitgemäßen Leistungsmodells auf. Bis in die siebziger Jahre hinein galt Verantwortlichkeit als höchste Tugend einer Führungskraft; heute zeichnet sie sich durch Dynamik, Erfindungsgeist, Einfallsreichtum aus – jeder Politiker, jeder Manager ein Künstler! Diesem Persönlichkeitsmuster haben die Karrieremacher ihre privaten Lebensentwürfe anzupassen. Die Verantwortung für Familie und Firma galten einst gleich viel. Eine Ehefrau »sitzenzulassen« wurde als Charakterschwäche ausgelegt, die es nicht ratsam erscheinen ließ, ein ganzes Unternehmen in solch unzuverlässige Hände zu legen. Heute nimmt man die Eroberung einer neuen Partnerin als Facelifting, wie es auch jedem Unternehmen gut anstehen würde. Es bestätigt sich in diesem Akt die Aufgeschlossenheit des ältlichen Bräutigams für die Jugend, sein Verständnis für eine nachwachsende Käuferschicht, seine Aufmerksamkeit auf den fortschrittlichen Geist der Zeit – kurz: die ewige Jugend eines Glücksritters. Das Pathos des männlichen Begehrens – dieses: »Ich brauche jetzt ... ein Bier, einen Drink, eine Zigarette, eine Frau, einen One-night-stand!« – gilt nicht mehr als Protzerei der jugendlichen Kraft; es gibt vielmehr dem Verjüngungskünstler Schwung, der sich frisch gestählt zu neuen Akquisitionen ermuntert fühlt, seien diese nun Firmen oder Frauen.

Zu allen Zeiten nahmen alte Männer gerne junge Frauen, doch war dieses Vergnügen nie als Frauenwechsel gesellschaftlich akzeptiert oder gar gefordert und selten mit der Verbannung einer alten und der Berufung einer neuen Frau verbunden. Die vielen Kindbettopfer machten ohnehin eine Neuverheiratung nötig, der verheiratete Mann aber wahrte nach außen hin die Sitte und spielte den Frauenhelden im Alkoven seiner Mägde, im Absteigequartier einer Kokotte oder, ganz bürgerlicher Aristokrat, bei einer Mätresse, die er fernab von seinem Haus einquartierte. Solche Geheimnistuerei hat erst der Freiheits- und Wahrheitsfanatismus unserer Zeit in Verruf gebracht. Es bedurfte der Sexskandale der fünfziger Jahre, um über die Medien den neuen Stil allgemein akzeptabel zu machen. Noch der alte Benn verhält sich gegenüber seiner jungen Freundin Ursula Ziebarth, die die Libertinage in der Künstlerkolonie Worpswede kennengelernt hatte, so altmodisch, wie es heute nicht mehr denkbar wäre: »Deine Worpsweder Üsancen in Ehren, aber meine gesellschaftlichen muss ich nun doch stärker betonen ... Ich bin kein Libertin u. bin nicht unanständig erzogen ... Ich werde immer u. von jetzt an noch mehr, die äusseren gesellschaftlichen Züge mehr betonen, auch für Dich u in Deinem Interesse ... Das feurige Ponnychen wird sich mir fügen müssen, ich muss auch über Dich u. Deinen Ruf wachen. Du bist nicht die ganze Welt ... Es wird so gemacht, wie ich, Dein viel erfahrenerer Mann u Vater es für notwendig hält. Kuss!«

Was man »ein Verhältnis« nannte, hatte keine gesellschaftliche Geltung; den Ehefrauen wurde dadurch – und das ist, sofern man nicht nur ans Herz, sondern auch an den Verstand denkt, durchaus ein Vorteil – nicht das gewohnte Umfeld geraubt. Das heute unbeachtete Heer aus sozial und emotional depossedierten Frauen gab es nicht. Sie wären, wenn sie überhaupt »verstoßen« worden wären, zumindest durch die Empörung ihrer Umwelt getröstet worden. Marianne Weber, in höherem Alter eine mitfühlende Seelsorgerin junger Menschen, zeigt sich in ihren *Lebenserinnerungen* entsprechend ungehalten über die Unsitten der ehemaligen Kollegen ihres inzwischen verstorbenen Mannes, von denen ihr Studentinnen der Heidelberger Universität erzählen: »Was sie mir anvertrauten, hat mich zum Teil erschüttert: diese furchtbare Verwirrung auch sehr feiner Frauen, dann vor allem die rücksichtslose Lebensgier verheirateter Männer, Professoren, die den Versuch machen, ihre Schülerinnen in ein freies Verhältnis hereinzuziehen – zur ›lebenssteigernden Ergänzung ihrer Ehe‹.« Heute treten die verlassenen Frauen eines bedeutenden Mannes, ohne durch die Empörung ihrer Geschlechtsgenossinnen getröstet zu sein, in den Schatten zurück, aus dem sie kamen.

In der Literatur war der alte Mann mit der jungen Frau immer ein Komödiensujet und ist es bis zu Italo Svevo geblieben. Erst Philip Roth gelingt es, den komischen Alten mit tiefer Tragik zu umgeben. Weil das Sujet so sehr gefällt, ließ er nun seinem früheren Roman *Der menschliche Makel* einen weiteren, *Das sterbende Tier*, mit demselben Thema folgen. Roths 71jähriger Held empfindet den Altersunterschied zu seiner 34jährigen Freundin ganz anders als der selbstbewußte Künstler Casals. Roths Figur fürchtet, da sie »nicht nach Verhältnis gefreit« hat, geradezu die political correctness verletzt zu haben. In die Peinlichkeit dieses Verhältnisses hat den Helden, Coleman Silk, eine zweifelhafte Errungenschaft der Medizin gebracht: »Ohne Viagra wäre das alles nicht passiert«, so räsoniert der alte Professor über sein »Last-Minute-Abenteuer«. »Ohne Viagra hätte ich ein zu meinem Alter passendes Weltbild und vollkommen andere Ziele. Ohne Viagra besäße ich die Würde eines älteren Gentleman, der kein Verlangen verspürt und sich korrekt benimmt ... Ich würde nichts tun, das unschicklich, übereilt, unüberlegt und für alle Beteiligten möglicherweise katastrophal ist. Ohne Viagra könnte ich in den letzten Jahren meines Lebens fortfahren, die weite unpersönliche Perspektive eines erfahrenen und in Ehren pensionierten Mannes zu entwickeln, der die sinnlichen Genüsse des Lebens schon längst aufgegeben hat. Ich könnte fortfahren, tiefgründige philosophische Schlüsse zu ziehen und stützenden moralischen Einfluß auf die junge Generation zu nehmen.« Darin ist der Professor noch ganz Ciceronianer, daß er sich um einen »stützenden moralischen Einfluß« auf die Jugend zu sorgen hat. In Coleman stellt Roth den Alten dar, der die Grenze überschreitet, die ihm nicht nur das Alter, sondern auch die historische Zeit setzt, aus der er kommt; da ihm dieses Mißverhältnis bewußt ist, macht es ihn verlegen. Solche Peinlichkeit entsteht dadurch, daß die kleinbürgerliche Moral – und im akademischen Kleinbürgertum siedelt Roth seinen Roman an – die Komödie ernst nimmt. Blitzartig läßt denn auch Roth im tragischen Lebenslauf des Professors noch einmal den Urvater der Komödie, Zeus, auftreten: »Dank Viagra habe ich Zeus' amouröse Verwandlungen verstanden. So hätten sie Viagra nennen sollen: sie hätten es Zeus nennen sollen.«

Das Verhältnis alter Mann – junge Frau durchschreitet im Laufe seiner Geschichte drei Zustände, die die Betroffenen und mehr noch die Zuschauer erfaßt: die Lächerlichkeit, die Peinlichkeit und die Bewunderung. Die Geschichte der unverhältnismäßigen Brautwerbung hat ihre Wendepunkte, wie fast alle kulturellen Erscheinungen, im 18. und im 20. Jahrhundert. Im 17. Jahrhundert entsteht denn auch die bekannteste Komödie über ihre Unwürde, Cervantes' Novelle *Der eifersüchtige Estremadurer*. Als Hagestolz ist der Estremadurer im Land der Liebe ein wahrer Don Quijote, der sich dennoch dem Minnedienst ergibt. Er entschließt sich zur Heirat mit Leonore, einer blutjungen Schönen, die die »Früchte der Ehe« sogar genießt, die ihr, »da sie von keinen anderen wußte, weder angenehm noch unangenehm waren«. Immerhin ist der Alte klug genug, die Gefahren des ungleichen Verhältnisses für sich zu erkennen; deshalb macht er sein Haus zu einem fensterlosen Schrein und verschließt seinen Schatz darin. Das Gehäuse ist ein wahrer

Komödienstadel aus Mißtrauen und Eifersucht; kein einziges männliches Wesen darf sich dort aufhalten: »Die Ratten darin verfolgte niemals ein Kater, nie hörte man das Gebell eines Hundes, denn alle Tiere, die der Ehegatte hielt, waren weiblichen Geschlechts. Bei Tag dachte er nach, bei Nacht schlief er nicht; denn er war die Runde und die Schildwache seines Hauses und der Argus seines teuren Schatzes. Nie betrat ein Mann die innere Tür zu seinem Hof, mit seinen Freunden verhandelte er auf der Straße. Die Figuren auf den Teppichen, die seine Säle und Gemächer zierten, waren lauter Weiber, Blumen, Landschaften.« Freilich erobert schließlich doch ein Liebhaber die so Gehütete; ihr und ihren Dienerinnen kommt er vor »wie ein Engel«. Der Alte aber, ebensogut wie der alt gewordene Don Quijote, bereut, sehr zur Belehrung der Lesers, seine Unbescheidenheit: »Wie ich in meinem Benehmen von der gewöhnlichen Weise abgewichen bin, so will ich es auch in der Rache tun. Denn ich hätte erwägen sollen, wie übel sich die fünfzehn Jahre dieses jungen Weibes mit meinen nahezu achtzig vertragen und dabei befinden mochten.«

Die Wende von der Burleske zum Melodram vollzieht sich im 18. Jahrhundert, und für die deutschen Leser verbindet sie sich mit Goethe. Er ist der Frauenheld der deutschen Literatur par excellence. Nach seiner Liaison mit der älteren Charlotte von Stein umgeben ihn nur noch junge und immer jüngere Mädchen: Christiane Vulpius, Sylvie von Ziegesar, Bettina Brentano, Marianne von Willemer, Ulrike von Levetzow. Die Biographen, die seit dem Ende des 19. Jahrhunderts sein Leben zum Leitbild des bildungsbürgerlichen Daseins erhoben, streifen in ihren Erzählungen den Weimarer Beamten nur kurz, verweilen bei der Größe des Genies und beneiden den Dichter um seine Musen. An Goethes Leben wird den bürgerlichen Lesern klar, daß der eigentliche Lohn der Arbeit die Bewunderung junger Frauen ist. Der Ruhm wird erotisiert – und ein Jahrhundert später, am Ende des zwanzigsten Jahrhunderts, ist es die Erotik selbst, die berühmt macht.

Die Dichter haben diesen Lebenstraum von Goethe übernommen und an ihre Leser vermittelt. Der herbe Spott, den die Komödie über den alten Mann und das Mädchen ausgoß, löst sich in Hafis, dem Dichter und Propheten des *West-östlichen Divan*, und Suleika, seiner jungen Geliebten, in serene Selbstironie auf:

> Wie des Goldschmieds Bazarlädchen
> Vielgefärbt, geschliffne Lichter
> So umgeben hübsche Mädchen
> Den beinah ergrauten Dichter.

Der Prophet, dessen graues Haupt beschneit, dessen Auge getrübt ist, erlebt eine Eruption, wenn er das Lockenköpfchen seiner Geliebten kost:

> Nur dies Herz es ist von Dauer
> Schwillt in jugendlichstem Flor;
> Unter Schnee und Nebelschauer
> Rast ein Aetna mir hervor.
>
> Du beschämst wie Morgenröthe
> Jener Gipfel ernste Wand,
> Und noch einmal fühlet Hatem
> Frühlingshauch und Sommerbrand.

Die Nachkommen des Hafis, etwa Gottfried Benn, beziehen seither gern die Sprache ihres greisen Liebesgeflüsters aus dem *Divan*: »Was die Namen angeht«, empfiehlt er 1954 seiner jungen Freundin Ursula Ziebarth, »so schlage ich vor, Sie lesen im west-östl. Diwan das Gedicht: ›in tausend Formen magst Du Dich verstecken...«‹ – Aber auch aufdringliche Verehrerinnen wissen ihren jugendlichen Charme durch eine Anspielung auf den künstlich verjüngten, in Wahrheit aber alten Faust und Gretchen, das halbe Kind, zu steigern. Dem achtzigjährigen Fürsten Pückler-Muskau raunt die einundzwanzigjährige Ada von Treskow zu: »Aus verklungener Ferne, aus vergeßnen Schatten wagt sich ein Stimmchen an Ew. Durchlaucht heran, ohne weitere Berechtigung als die der Begeisterung und Verehrung. Möchte ich doch mein unbedeutendes Bild einen Augenblick vor ›Ihrer Augen Gewalt‹ zurückzaubern und Sie daran erinnern, wie Ihrer ›Rede Zauberfluß‹ mich einst in Berlin, in Weimar (September 58), dann wieder in Berlin entzückte!«

Es ist nicht nur reine Projektion der Wunschträume des Publikums, wenn Goethe als nie vergreisender Liebhaber ausgegeben wird, auch wenn, wie bei Marianne von Willemer, seit 150 Jahren onkelhafte Kleinigkeiten, freundliche Blicke, ermunternde Worte, eine gestreichelte Wange und eine einzige undeutbare Äußerung zur Liebestragödie aufgebauscht werden. Goethe war Aristokrat genug, um sich, wie sein Hafis, einen Harem heranzuwinken, er war aber auch so sehr Bürger, daß schließlich doch in alle seine Beziehungen der Ernst einzog. Selbst Christiane Vulpius hat er nach langem Zögern geheiratet, Ulrike von Levetzow einen Heiratsantrag gemacht, alle anderen andrängenden Verehrerinnen in anständiger Distanz gehalten. Die erotischen Chancen, die ihm seine Stellung im Staat und in der literarischen Welt zuspielten, blieben für ihn nie unproblematisch. Sein ganzes Werk ist getränkt vom Bewußtsein der Peinlichkeit, in die die Gunst des Schicksals einen alternden Mann mit jungen Frauen versetzen kann.

Schließlich hat er sein Hauptwerk »Faust« noch in einer Epoche begonnen, da der alte Mann und das Mädchen nur als Komödienthema zu behandeln waren. Die Verjüngungszeremonien Fausts umschwebt denn auch immer etwas von faulem Zauber. Die Kur Fausts in der Hexenküche, in der Halbaffen in einem Kessel den Trank zur Erfrischung des mißmutigen Gelehrten brauen, entbehrt der Komik nicht. Sobald aber eine Frau durch teuflisches Brimborium gewonnen ist, beginnen Fausts Verlegenheiten. Gretchen, Helena und »eine Büßerin« bedrängen ihn mit kleinbürgerlicher Belehrung, mit theatralischem Gehabe, mit mystischer Bekehrung.

Im *Mann von fünfzig Jahren* hat Goethe das Problem des alternden Mannes als novellistische Tragikomödie behandelt. Wie aus dem Kontext des Romans *Wilhelm Meisters Wanderjahre*, in den die Novelle eingelagert ist, zu erschließen, stellt die Liebe des Fünfzigjährigen zu seiner blutjungen Nichte eine Verfehlung gegen das Gesetz der Natur dar. Die Novelle endet zwar im schmerzlichen Verzicht der betroffenen Personen; die Passagen jedoch, in denen sich der überreife Liebhaber durch kosmetische Eingriffe die Jugend zurückzaubern will, richten sich satirisch gegen alle künstliche Auffrischung im Alter. Der Geist ist willig, aber, und darauf läuft schließlich die Einsicht des fünfzigjährigen Liebhabers hinaus, das Fleisch ist schwach, und zwar auf eine ganz andere Weise, als er es sich gewünscht hat: Gesundheit und Manneskraft lassen nach. Der alternde Körper erhebt Einspruch gegen die unangemessene Werbung um eine junge Frau. Symbolisch stellt dies Goethe in der berühmten, schon erwähnten Szene dar, in der der Major bemerkt, daß ihm ein Zahn ausgefallen ist: »Wir wollen jedoch weder Philosophie noch Poesie als die entscheidenden Helferinnen zu einer endlichen Entschließung hier vorzüglich preisen; denn wie ein kleines Ereignis die wichtigsten Folgen haben kann, so entscheidet es auch oft, wo schwankende Gesinnungen obwalten, die Waage dieser oder jener Seite zuneigend. Dem Major war vor kurzem ein Vorderzahn ausgefallen und er fürchtete, den zweiten zu verlieren. An eine künstlich scheinbare Wiederherstellung war bei seinen Gesinnungen nicht zu denken, und mit diesem Mangel um eine junge Geliebte zu werben, fing an ihm ganz erniedrigend zu scheinen, besonders jetzt, da er sich mit ihr unter einem Dach befand. Früher oder später hätte vielleicht ein solches Ereignis wenig gewirkt, gerade in diesem Augenblicke aber trat ein solcher Moment ein, der einem jeden an eine gesunde Vollständigkeit gewöhnten Menschen höchst widerwärtig begegnen muß. Es ist ihm, als wenn der Schlußstein seines organischen Wesens entfremdet wäre und das übrige Gewölbe nun auch nach und nach zusammenzustürzen drohte.«

Den komischen Charakter der Lage, in die sich der Major zunächst durch seine Werbung um seine junge Nichte brachte, betont Goethe durch ein albernes Versehen, das jener kurz zuvor, sich jugendlichen Schwung anmaßend, aus Horaz übersetzt und mit galanter Geste einer jungen, schönen Witwe überreicht hatte. Hierin aber nimmt der Major, Tücke seines Unterbewußten, genau das Problem seines geschlechtlichen Alterns vorweg: »Bei seiner Vorliebe für Horaz und die römischen Dichter war das meiste (was er dichtete) daher, und es fiel ihm auf, daß die Stellen größtenteils Bedauern vergangner Zeit, vorübergeschwundner Zustände und Empfindungen andeuteten. Statt vieler rücken wir die einzige Stelle hier ein:

> Wie ist heut mir doch zumute?
> So vergnüglich und so klar!
> Da bei frischem Knabenblute
> Mir so wild, so düster war.
> Doch wenn mich die Jahre zwacken,
> Wie auch wohlgemut ich sei,
> Denk' ich jene roten Backen,
> Und ich wünsche sie herbei.«

Der »Mann von funfzig Jahren« ist die Leitfigur im Werk Goethes überhaupt. Auch Faust ist ein Mann von »funfzig« Jahren, der sich nach jungem Blut sehnt. Eduard in den *Wahlverwandtschaften* gehört zu dieser Gattung der verlegenen Liebesritter, selbst Wilhelm Meister und Mignon trennt ein problematischer Altersunterschied.

Seither sind alle Männer Goetheaner. Wenn die junge Frau heute für den erfolgreichen Mann eine Art inoffizielles Bundesverdienstkreuz darstellt ist, so ging dem, vor allem für die Dichter, die Goethemedaille voraus. Die Männer jedenfalls haben das Faustische in sich entdeckt, und zwar nicht gerade jenen Teil, der strebend sich bemüht; gern sind sie über »funfzig«, denn dann wird eine Brautwerbung fällig. Freilich bleibt es lange noch den Dichtern überlassen, die neue Chance vorzuleben oder zur Tragödie zu verarbeiten. Jakob Wassermann etwa schreibt 1913 ein Drama mit dem Titel »Ein Mann von vierzig Jahren«, der Belgier F. Hellens 1951 »L'homme de soixante ans«, in dem sich ein Professor in sein Dienstmädchen verliebt; Ibsens »Baumeister Solneß« verarbeitet die Beziehung des 61jährigen Dichters zu der jungen Wienerin Emilie Burdach; im Stück hat die junge Hilde Züge von ihr; diese führt dem Zuschauer vor, wie man einen alten Mann verehren muß: »Es war«, so erinnert sie den Baumeister, mit dem sie einmal ein Richtfest mitmachte, »schrecklich spannend, da unten zu stehen und zu Ihnen hinaufzuschauen.« Durch einen »Liebestrank« hofft in Wedekinds gleichnamigem Drama der alte Fürst Rogoschin, ein neuer Faust, seine Manneskraft wieder zu erlangen. Auch der Roman absorbiert das Sujet, 1850 schon Nathaniel Hawthorne in *The Scarlet Letter*, wo es der Pfarrer, also wieder ein Studierter, ist, der die Ehe mit einer jungen Frau bricht, oder Heinrich Mann in *Professor Unrat*.

Der Gelehrte repräsentiert die Hauptfigur in diesen frühen Tragödien, die dem Publikum eine neue Art von verspäteter Leidenschaft vorsagen: das Alter ist dem Geist zugeordnet, den das letzte Aufbegehren des Körpers in einen tragischen und daher literaturwürdigen Zustand versetzt. Als pure Lüsternheit bliebe das Verhältnis alter Mann und Mädchen so komisch, wie es in den Standardkomödien des 17. und 18. Jahrhunderts gewesen war. Entweder geistig oder moralisch mußte man es aufwerten, um es ernst nehmen zu können und sogar als reale Lebenschance verlockend zu machen. Deshalb kann erst in der Epoche der romantischen Liebe, der Körperfunktionen nur Impulse zu geistiger Begattung sind, die Liebe des alten Mannes, eben des Weisen oder Gelehrten, zur jungen Frau geradezu zur Herausforderung werden und der Steigerung seines Wertes dienen. Dieses letzte Avancement bedeutet mehr als nur einen schwachen Trost, wie ihn der kühle Kopf Gottfried Benns aus seinem Verhältnis zu Ursula Ziebarth zieht, der 1955 an den Freund Oelze schreibt: »Wenn ein Mann meiner Jahre noch einmal auf etwas stößt, das ihm Freude macht, kann er es sich leisten. Richten Sie bitte Ihre Gedanken nicht in Richtung Erotik, sondern in der Richtung, daß es einen sehr berührt, wenn man als alter Mann überhaupt noch auf ein inneres Entgegenkommen bei reizvollen jungen Frauen stößt, auf eine Berührung der Sphären, zu denen natürlich auch die Erotik gehört, die aber etwas ganz anderes bewirken und bedeuten, nämlich eine Art Bewegung affektiver Schichten, die einen für eine Weile fortführen von Erstarrung, Müdigkeit, Fettwerden, Ranzigwerden – von all diesen Dingen, in die ich geraten war und aus denen ich hier kein Entkommen sah.« – Die »junge Frau«, so schreibt er wenig später, »kommt einem Umzug gleich.« Eher gehört das neue Verhältnis, sofern man doch noch einmal in die Tradition der europäischen Rhetorik zurückkehren will, zu den furores, den göttlichen Begeisterungszuständen, zu denen auch der furor amoris zählt, die Liebe, die für den Künstler der Inspiration gleichkommt.

Die Liebe zur jungen Frau rechtfertigt sich als geistige Beziehung und eignet sich daher gut als Sujet für den Professorenroman. Es bringt dem Publikum zugleich die fremde Atmosphäre der Hochschule näher, die es für die Innenperspektive der Universität halten kann. Von Schwanitz' *Campus* angefangen, der den Universitätsroman hier eingebürgert hat, macht die neuaufblühende Gattung dem nichtakademischen Leser die trockene Wissenschaftskarriere durch Skandälchen des Professors mit seinen Studentinnen abenteuerlich.

Freilich müssen auch die Frauen avancieren, um die Begeisterung eines gereiften Geistes für sie glaubwürdig zu machen. Sie entwickeln sich von der Muse, die das Werk inspiriert, zur Verehrerin, die den Mann über seinem Werk vergißt, zur Schülerin, die durch das Werk über sich selbst hinauswächst, und schließlich zur Emanze, die zuerst gemeinsam mit dem bewunderten Vorbild und schließlich gegen ihn ihr eigenes Werk schafft.

Als erster bringt Goethe diese jungen Frauen zum Sprechen. Die Verehrung aus dem Varnhagen-Kreis, Rahels und ihrer Freundinnen, bedarf allerdings noch der Unterstützung durch Rahels Ehemann, der die Bewundererpost an Goethe expediert und später publiziert. Bettina Brentano aber verfaßt, wenngleich erst nach Goethes Tod und selbst schon in fortgeschrittenem Alter, *Goethes Briefwechsel mit einem Kinde* und damit die Bibel aller Freundinnen bedeutender Männer. Das meiste in ihrem Werk ist Dichtung, und so stellt sie sich zunächst als begeisterte Verehrerin vor: »So bist du Poete ein vom Sternenreigen seiner Eingebungen umtanzter Mond; meine Gedanken aber liegen im Tal, wie die Feldblumen, und sinken in Nacht vor Dir, und meine Begeisterung ermattet vor Dir, und alle Gedanken schlafen unter Deinem Firmament.« Goethes Reserve übersieht Bettina Brentano auf ihren brieflichen Wunschzetteln dennoch nicht; sie zeichnet den Dichter realistisch genug, so daß die Distanz und Skepsis, die er stets gegen schwärmerische Verehrung hegte, spürbar bleibt. Bei aller Verlegenheit aber, die ihm Bettinas Emphase bereitet, ist er doch – freilich in Bettinas Fiktion – so weit alter Mann, daß er die Verehrerin als Muse schätzt: »Die besten Stunden benütze ich dazu«, so gesteht er nicht ohne Selbstironie, »um näher mit ihnen (den Schätzen von Bettines Briefen) vertraut zu werden, und ermutige mich, die elektrischen Schläge Deiner Begeistrungen auszuhalten. Um eines bitte ich Dich: höre nicht auf, mir gern zu schreiben; ich werde nie aufhören, Dich mit Lust zu lesen.«

Aus einem Stückchen Leben, der Bekanntschaft Bettina Brentanos mit Goethe, war ein einflußreiches Kapitel Literatur entstanden, und aus der Literatur ging wieder Leben hervor. Seither stilisierten sich junge Frauen gern zu Bettinen, wenn sie alternden Dichtern begegneten. Ada von Treskows Briefe an den Fürsten Pückler-Muskau, dem bekanntesten Reiseschriftsteller seiner Zeit, nehmen die bettinenhafte Schwärmerei allerdings noch einmal in die aristokratische Heiterkeit und Verspieltheit zurück. Die Leidenschaft in diesen Briefen ist Zeremoniell, aber gerade als Sprachspiel machen sie auf die Mode aufmerksam, der man in der Mitte des 19. Jahrhunderts in der Nachfolge Goethes gehorchte. Ada von Treskow ist zu gewandt, um ernst zu sein; Liebe und Verehrung bleiben bei ihr Koketterie: »Ein Feder- oder Bleistiftzug von Ihnen«, so beginnt sie den Briefwechsel 1860, »ist der teuerste, kostbarste Besitz für mich, die Ihnen einen wahren Kultus von Schwärmerei, Begeisterung und Liebe weiht! Ja gewiß, Durchlaucht, seit sieben Jahren. Und das Sprichwort sagt: ›Keine Liebe dauert sieben Jahr.‹ ... Nie vergesse ich, daß ich den berühmten Fürsten zum ersten Mal erblickte, als ich von meiner Einsegnung nach Hause kam! Gott der Götter, ich habe seitdem redlich vergessen, was der Mullah mir sagte, wohl aber erinnre ich mich jedes Ihrer Worte!« Pückler läßt sich die Verwechslung mit dem Mullah, dem Priester, gefallen, und weil die geographische Distanz zwischen den beiden Briefpartnern groß genug ist, nimmt er sich einiges heraus: »als ich die Unterzeichnung las, (habe ich) sofort die anmutigen blauen Zeilen – trotz meiner 75 Jahre – mit zärtlichen Küssen bedeckt. Was sagen Sie dazu?« Die beiden füllen eine ganze Bühne mit den Figuren, in die sie sich, wie Hafis und Suleika, bei ihrem Liebeswerben verwandeln; er nennt sie Biondetta, Beichtkind, kleiner Bengale und unterschreibt sich mit Senex. Sie nennt ihn den Weisen, den durchlauchtigsten Zauberer, den Pascha, wundertätigen Magus, Freudenspender. Auf seine senectus, sein Greisentum, reflektiert freilich auch Pückler, immerhin soviel doch geschmeichelter Alter, melancholisch, aber immer noch nicht mit jenem sentimentalen Ernst, mit dem sich Benn seinem Freund Oelze gegenüber ausspricht. Er habe, so gesteht Pückler, nur einmal in seinem Leben einen ähnlichen Briefwechsel geführt, aber damals sei er noch »schwarz« gewesen, »sehr gut gefärbt, und das tut auch etwas (denn was das Auge sieht, glaubt man doch immer halb, auch wenn man das Gegenteil weiß; es ist mit dem Ohre ebenso, und am Ende, mehr oder weniger, mit allen Sinnen), besonders wenn man so klug ist, den Mangel zu gestehen, um zu verhindern, daß nachher Einer selbst dahinter kommt, und das tat ich immer. Auch bin ich wirklich länger als andere Leute jung geblieben, und die Seele (wenn wir eine haben) ist es noch. Mit einem väterlichen Kuß auf Biondettas Haare nehme ich jedoch Abschied.«

Der Teufel hat Goethes Faust ein Bürgermädchen als Versucherin zugeführt, für die alten Männer nimmt sie von nun an die Gestalt der Schülerin an, manchmal wird diese, wie bei Cosima Wagner oder Françoise Gilot, sogar die Gattin, und in der Literatur erreicht sie ihre reizendste Verkörperung in einer Nachfolgerin Mignons, in Lolita. Dickens bereitet in seinem Roman *Im Raritätenladen* die Leser auf solche Lüsternheiten vor, wobei das Verhältnis des alten Erzählers zu dem halbwüchsigen Mädchen immer noch platonisch bleibt. Der Erzähler kann nach der Bekanntschaft mit dem kleinen Mädchen die Gedanken nicht mehr von ihr wenden, nicht mehr schlafen und beendet das erste Kapitel seiner Erzählung mit der Klage: »Ich verbot mir, meine Gedanken weiter auszuspinnen ... Ich kam mit mir selbst überein, daß dies müßige Betrachtungen seien, und beschloß, zu Bett zu gehen und alles zu vergessen. Jedoch ob ich wachte oder schlief, kehrten ebendiese Gedanken immer wieder, und dieselben Bilder nahmen von meiner Phantasie Besitz. Immer hatte ich den alten, düsteren unheimlichen Raum vor mir ... und inmitten dieses Plunders und Verfalls, dieser häßlichen Altertümer das schöne Kind in seinem sanften Schlummer, das in seinen lichten und sonnigen Träumen lächelte.«

Nach so vielen literarischen Vorbereitungen und Vorschlägen von Künstlern blieb alternden Männern in der Wirklichkeit gar nichts anderes übrig, als ihr Glück bei den jungen Frauen zu suchen. Der Traum von der Verjüngung und die Utopie der Ewigen Jugend kam überein im schönen Augenblick der unverhältnismäßigen Brautfahrt. Der neue Lebensentwurf wurde schließlich sogar wissenschaftlich für gut befunden; es entwickelte sich eine eigene Disziplin »Alterssexualität«. In den fünfziger und sechziger Jahren bezogen sich die Überlegungen der Wissenschaft allerdings vor allem auf die Liebe zwischen gleichaltrigen Senioren und gaben ihnen Hoffnung, ihre Urlaubsreisen, wenn sie sich nur zusammentun wollten, nicht ungetröstet hinbringen zu müssen. Seit sich aber der Übermut überreifer Männer viel jüngeren Frau zuwendet, bedarf die Ermutigung eines schneidigeren Ansporns: »›Groß wird an der Grenze jegliches Gefühl‹, schrieb Rainer Maria Rilke. Es gibt aus dieser Sicht keine ›Alters-Sexualität‹, wohl eine Bewegung der Überschreitung bei einem gesteigerten Wissen um die Grenze«, philosophierte 1995 Leopold Rosenmayr in einem Aufsatz über *Eros und Sexus im Alter*. Es gelingt den Streitern für die erotische Emanzipation des alten Mannes, Nachteile in Vorteile umzudeuten; die abnehmende sexuelle Lust, so heißt es etwa, sei dem weiblichen Gefühl viel angemessener als die stürmischen Attacken der Jugend. Die Bedächtigkeit der Werbung »vermag der geliebten Frau verstärkte Erlebnisdimensionen der Geschlechtlichkeit zu vermitteln. Auch vom physiologischen Lustgewinn aus betrachtet, ist die längere ›Anlaufzeit‹ vor der Ejakulation für die Frau ein Positivum. Dies sollte man unbedingt festhalten. Dann wird man in der altersbedingten Verlangsamung gewisser Prozesse im Coitus nicht nur abträgliche Erscheinungen sehen.«

Auch zur Bestätigung dieser Theorie haben die Künstler-Freundinnen beigetragen. Françoise Gilot selbst erlebt die Vorteile der Verzögerungstaktik, die die Gerontologen alten Herren empfehlen und die auch der über sechzigjährige Picasso anwandte, um sie zu gewinnen, als Sensibilität eines liebeserfahrenen Mannes. Picasso »sagte, er wolle mich hier bei sich haben, aber er dächte nicht, daß die Vollendung unserer Beziehung so unwiderruflich wie der vorbestimmte Glockenschlag einer Uhr einträte. Was auch zwischen uns sei oder sein werde, sei sicher etwas Wunderbares.« Wenig später wiederholt die Geliebte wörtlich Picassos Zauberworte: »›Könntest du am ersten Tag den höchsten Grad erreichen, so wäre alles schon am ersten Tag zu Ende. Und deshalb mußt du besonders vorsichtig sein, wenn du etwas so sehr wünschst, daß du es lange behalten willst. Du darfst nicht die kleinste voreilige Forderung stellen, die diese Entwicklung, hin zum höchsten Ausmaß für die längstmögliche Zeit, verhindern könnte.‹ – Wunschlos glücklich, ohne etwas zu begehren als dieses Beisammensein, lag ich in seinen Armen, während er mir seine Auffassung erklärte.« Endlich ist das Glück vollständig und sie schwärmt: »Sechs Monate lang hatten wir einander in Ironie umkreist, nun war im Zeitraum von einer Stunde mit unserer ersten wirklichen Begegnung die Ironie verschwunden. Es war Ernst daraus geworden, etwas wie eine Offenbarung.«

Zur Bosheit, mit der in der Komödie der Alte gesehen wurde, kehrt Italo Svevo in seiner *Novelle vom guten alten Herrn und vom schönen Mädchen* zurück. Die Novelle enthält eine Psychologie des Alters, die selbst noch die Vergeistigung als den schützenden Wahn dessen entlarvt, der nicht abtreten will. Hinter der ironischen Heiterkeit, die den Text zur angenehmen Lektüre macht, verbirgt sich ein erbarmungsloser Zynismus. Svevo will an dem verliebten Alten aber auch nichts als Lüge und Selbstbetrug entdecken. Die junge Frau ist nicht einmal für den Alten im Text selbst eine Figur, sondern eine Staffage, ein schönes Bild, an das sich alle Widerstände gegen das Altern klammern. Die Lebenslust des Mädchens aber widersteht dem Angriff der scheiternden Hoffnung. Der alte Mann versucht daher ihr – und sich selbst – mit Argumenten beizukommen und wird darüber zum philosophischen Schriftsteller. Er sammelt in seiner Schrift, die ihm schließlich zum Ersatz für das unerreichbare Liebesglück wird, alle Beweise für die hohe Geistigkeit einer Altersliebe – sehr zum Spott seines Autors: »Einfach ist die Liebe freilich auch für die alten Herren nicht. Bei ihnen wird sie durch Begründungen kompliziert. Sie wissen, daß sie sich entschuldigen müssen. Unser alter Herr sagte sich: ›Das ist mein erstes echtes Liebesabenteuer seit dem Tode meiner Frau.‹ In der Sprache der alten Herren ist ein Liebesabenteuer dann echt, wenn auch das Herz mitspricht. Man kann sagen, daß ein alter Mann selten jung genug ist, ein Liebesabenteuer zu erleben, das nicht echt wäre.« Der Autor macht bei den selbstgefälligen Verteidigungen des alten Mannes nur allzugern den böswilligen Zwischenrufer, der an das Gute im Menschen nun einmal nicht glaubt: »Wenn ein alter Mann liebt, geschieht es stets auf dem Umweg über die Väterlichkeit, und jede seiner Umarmungen ist ein Inzest und hat dessen herben Beigeschmack.« Der alte Herr warnt das Mädchen schließlich sogar vor der Liebe zu alten Männern; sich selbst redet er ein, ein Opfer für die Allgemeinheit zu bringen, wenn er seine Erfahrungen mit der weiblichen Jugend in einem Aufsatz niederschreibt: »Er schrieb jetzt, wie er glaubte, für die Allgemeinheit, möglicherweise auch für den Gesetzgeber. – In seinem keuschen Bett schlief er, in Gesellschaft seiner Theorie, einen ungetrübten Schlaf.« Die Theorie ist die letzte Geliebte des Alters – und sie ist die allergrößte Lügnerin. Bis zum letzten Augenblick verfolgt den Alten die Unwahrheit und läßt ihn, selbst wenn er den Altersgenossen noch soviel Vernunft anempfiehlt, nicht im Stich, denn »was ihm schwer fiel, war, sie auch für sich zu akzeptieren«.

## *Die unwürdige Greisin*

Männer haben viel über das Alter geredet und geschrieben, aber dabei – von ein paar bösen Versen abgesehen – kaum ein einziges Mal an eine Frau gedacht. Die Art, wie Männer sich das Alter ausmalten und wie Frauen es erlebten und erleben, hat wenig miteinander zu tun. Männer machen sich ein Bild vom Alter, Frauen erkennen seine Zeichen erschrocken und viel zu früh am eigenen Leib. Der Körper, von dem ein Mann, solange es irgend geht, nichts wissen will, ist das eigentliche Guthaben einer Frau, und es schwindet von Tag zu Tag mehr. Auch im Alter gibt es zwei Kulturen.

Die scharfe Grenze, die zwischen männlichem und weiblichem Altern gezogen war, ist jedoch im 20. Jahrhundert immer häufiger von beiden Seiten überschritten worden. Dabei mag eine Mischkultur entstanden sein; Mischwesen jedoch leben nicht in ihr. Die Züge und Eigenschaften der Menschen in diesen Territorien können ihre unterschiedliche Abstammung bis zum heutigen Tag nicht verleugnen. Am ehesten verstehen Frauen, gerade weil sie beginnen, sich wie Männer gegen das Altern zu sträuben, das Verhalten, das ihnen seit Jahrhunderten auferlegt ist, als lästiges Gebot zu begreifen, das früher leichter zu tragen war, als es das heute ist. Eine Dame nicht nach ihrem Alter zu fragen galt einst als Geste höflicher Verehrung. Eine Schriftstellerin, die heute in einem Verlagsprospekt unter all den Männern, die ungeniert ihr Geburtsjahr bekennen dürfen, ihr Alter verschweigt, kann dieser peinlichen Konvention nicht ohne Bewußtsein, nicht ohne Verlegenheit, nicht ohne Resignation nachgegeben haben.

Fragen, die man nicht stellen darf, berühren immer

schmerzliche Erfahrungen. Die Dezenz gegenüber Erkundigungen nach dem Geburtsjahr beweist nur das eine: Alter ist für Frauen ein Makel. Noch heute unterwerfen sie sich diesem Urteil fast widerstandslos. Männer feiern stolz ihren fünfzigsten, ihren sechzigsten Geburtstag, Frauen laden »zu ›einem‹ runden Geburtstag« ein, und wer nicht zu den engen Freunden zählt, wagt die Frage, die in eine Wunde stößt, nicht zu stellen. Die Länge der Ausbildungszeit, der Ehe, das Alter der Kinder helfen aus, eine These über das Alter der Gastgeberin aufzustellen; offiziell aber bleibt sie alterslos, gerade weil sie inzwischen so alt geworden ist. Die Grenze, an der es für eine Frau schmerzlich wird, ihr Alter zu nennen, könnte man als ihren Eintritt ins Alter bezeichnen, und dieser Schritt geschieht, lange bevor berufstätige Männer in den Ruhestand versetzt und zum alten Eisen gezählt werden. In der Serie über das Alter im Feuilleton der »Frankfurter Allgemeinen Zeitung« durften sich drei Frauen äußern, von denen eine, Jenny Erpenbeck, 33 Jahre alt war. Die Veranstalter nahmen mit Recht an, daß schon in so frühen Jahren eine Frau sich mit diesem Thema zu beschäftigen hat.

Den Übergang ins Alter macht bei Frauen ein Kleiderwechsel sichtbar. Die männliche Garderobe hängt vom Stand ab, die weibliche dagegen von der erotischen Attraktivität und damit vom Alter. Ein siebzigjähriger Aufsichtsrat trägt denselben Anzug, den er als Geschäftsführer von vierzig trug. Frauen hingegen unterliegen, wenn sie älter werden, einer regelrechten Beschneidung; alles, was reizvoll sein könnte, wird gekürzt: die Haare werden geschnitten, die Absätze erniedrigt, der Ausschnitt verkleinert, die Beine bedeckt. »Mein Fleisch wölbt sich nach außen«, jubelt die junge Jenny Erpenbeck, um sich gleich darauf vor dem Verfall der Schönheit zu fürchten, den ihr ihre Großmutter vorführt. Nicht die viel gescholtnen Falten sind es, was die Frauen alt erscheinen läßt; die Gravitation ist der Feind aller jugendlichen Wölbungen; sie macht die Backen quadratisch, zieht alles runde Fleisch zur Erde hinab, die bald die ganze Gestalt aufnehmen wird. Der Mann altert als Statue, und die wird immer härter; alles Fleischliche hingegen zieht die Erde zu sich hinab.

Die weibliche Kleidung hat in Jugend und Alter zwei einander entgegengesetzte Aufgaben: erst soll sie die Wölbungen sichtbar machen, dann die behäbigen Quadrate verbergen; die Aufmachung wird vom Schmuck, der die Reize unterstreicht, zum Statussymbol. »Das kann ich in meinem Alter nicht mehr tragen«, ist das oft ausgesprochene, immer leitende Prinzip des öffentlichen Auftritts von Frauen. Grenzüberschreitungen zur Jugend hin wie bei Männern, die in der Freizeit gern die Sportswear ihrer Söhne tragen, gibt es bei Frauen kaum. Die Mutter sieht ganz anders aus als die langhaarige Tochter, die im Minirock oder in hautenger Hose, nabelfrei, auf Plateausohlen neben ihr hergeht. Beide zusammen ergeben das ins Leben getretene mittelalterliche Schreckbild der Weiblichkeit, der »frouw werlde«: eine Venus, die, sobald man dahinter schaut, eine alte Vettel ist. Dichter wie Horaz durften in kunstvollen Versen die Wahrheit sagen – nur Männer lasen sie – und die Ansprüche der alten Frauen verhöhnen:

> Du fragst mich noch, von langen Jahren morsch und faul,
>   Warum ich kalt und fühllos sei?
> So frag doch deine schwarzen Zähne, deine Stirn
>   Von grauem Alter längst durchfurcht,
> Ja, frage dein Gesäß, das mit den dürren Backen sich
>   Gleich einer magern Kuh befühlt!
> Gewiß, dein Busen reizt mich, deine welke Brust,
>   Dem Euter einer Stute gleich,
> Der schlaffe Bauch, der dürre Schenkel, der so stolz
>   Auf dickgeschwollner Wade thront!

Diese Perspektive ist heute noch nicht überholt. Jenny Erpenbeck zeichnet ihre eigene Zukunft so im Bild ihrer Großmutter: sie »pudert sich, aber weil sie nicht mehr gut sehen kann, pudert sie sich zu dick, zu rosig. Haare wuchern ihr aus dem Gesicht. Ich wische den Puder ab, will dieses wilde Haar einwachsen und ihr aus dem Gesicht reißen, ich will meine Großmutter zurückverwandeln in meine Großmutter, aber ich kann sie nicht mehr erreichen, der Grad ihrer Verwandlung ist durch Korrektur nicht mehr zu beheben. Ich sehe die, die meine Großmutter war, erst Mann werden, dann Tier werden, dann ein Wesen werden jenseits aller bekannten Gattungen.« Die verführerische und die abschreckende Seite des weiblichen Körpers im Gedächtnis zu behalten ist auch, wie oben schon gezeigt, die Aufgabe der Modezeitschriften, die dem jungendlichen Selbstentwurf die Kosmetik konfrontieren, die gegen das Altern helfen soll. Die Schönheit der Frauen ist nicht die des Kunstwerks, sondern die des Lebens: sie geht verloren.

Das Schwinden erotischer Attraktivität, den der altersbedingte Kleiderwechsel markiert, bedeutet etwas anderes als das Versiegen der männlichen Potenz. Die Vorspiegelung einer nicht zu zügelnden Leidenschaftlichkeit gehört bei Männern bis ins hohe Alter zum guten Ton; sich darauf vorzubereiten, daß sie erlöscht, läßt ihnen das Leben Zeit genug. Zur erotischen Zurückhaltung aber wird eine Frau viel zu früh verdammt. Vor ihr fürchtet sie sich schon in jungen Jahren. Schon so mancher liebende Mann hat die fünfundzwanzigjährige Geliebte, die nach einem Blick in den Spiegel hysterisch wird und ihre vielen Falten beklagt, trösten müssen. Das Altern beginnt bei Frauen mit dem ersten Kuß. Von da an wissen sie, daß ihr Körper begehrenswert und also gefährdet ist. Der Mann und der Sensenmann tauchen im Leben einer Frau etwa zur gleichen Zeit auf. Auf ihren Körper haben es beide abgesehen, und falls der erste ihn nicht mehr mag, steht der zweite bereit, ihn in Empfang zu nehmen. So zumindest interpretieren Frauen Trennungen, vielleicht nicht, wenn sie zwanzig, aber doch, wenn sie vierzig sind. Vom mittleren Alter an ruft jeder Mißerfolg bei Frauen das Gespenst des Alters wach.

Das große Repertoire an Gefühlen, Gedanken, Lebenshaltungen, die menschenmöglich sind, kann ein einzelner nicht leben. Sie werden daher von der Gesellschaft an bestimmte Gruppen delegiert: so ist traditionellerweise den Männern das Heldentum zugeordnet, den Frauen die Klage über den gefallenen Helden; Männer verstehen sich auf die Verachtung des Körpers, Frauen aufs Leiden an ihm. Deshalb hat Männern das Altern wenig zu bedeuten. Frauen hingegen sind – auch wenn emanzipierte Frauen das abstreiten – zuerst vom Körper her definiert, von Gesundheit, Jugendlichkeit, Schönheit. Wenn das eigentliche Problem des Alterns nicht die Krankheit, sondern der Verlust des schönen Scheins ist, so sind es in der Tat die Frauen, die diesen Prozeß gesellschaftlich repräsentieren. Monika Maron macht sich bewußt, daß alle positiven Eigenschaften einer Frau mit Jugendlichkeit und Schönheit verbunden sind: »Fünfzigjährige Männer, die aussehen wie fünfunddreißig, sind uns verdächtig. Ein Mann erscheint uns schön, wenn er so oder so männlich aussieht, also intelligent, kräftig, entschlossen, bedacht, mutig, sinnenfreudig, ernst; alle diese Eigenschaften können die Attraktivität eines Mannes bis an die Grenze der Greisenhaftigkeit ausformen, die Attraktivität einer Frau würden sie vermutlich nur verderben, weil die Attraktivität der Frau – jedenfalls der immer noch landläufige Begriff davon – in ihrer Zartheit, Mädchenhaftigkeit und Lieblichkeit liegt, Eigenschaften, die jenseits der Jugend nicht erworben, sondern nur verloren werden können.«

Den Inbegriff von Lebensglück stellt daher das Paar »alternder Mann mit junger Frau« dar; es zeigt das Alter, das kein Alter spürt, weil ihm die Jugend zur Seite geht. Die Übertragung des Modells auf Frauen, die Konstellation »alte Frau – Jüngling« wirkt immer noch fragwürdig; es gibt sie kaum. Die Medien zeigen ein paar alternde Filmstars mit jungen Liebhabern, um die Gleichheit der Chancen vorzutäuschen; doch haben diese Paare, anders als der berühmte Mann mit seiner jungen Frau, im bürgerlichen Leben kaum Entsprechungen; vor allem sind die Verbindungen so gut wie nie dauerhaft. Die ostentative Freude aber, mit der das Paar alter Mann – junge Frau in der Gesellschaft auftritt, hat etwas mit der verdrängten Todesangst zu tun. Cicero konnte es nur aufs Papier schreiben, daß er nicht abtreten wollte, Schröder und Schrempp erscheinen mit ihren Frauen tagtäglich in der Bild-Zeitung und im Fernsehen und beschwichtigen die Sorge, daß das Alter eine Einbuße an Lebensqualität bedeuten könnte.

Väter also, die versuchen, ihren Söhnen zu gleichen, konkurrieren mit ihnen sogar um die Frauen der gleichen Generation. Frauen hingegen sind, wenn sie altern, immer noch an ihren Müttern orientiert. Der Spiegel, in den junge Frauen schauen, zeigt ihnen immer ein altes Gesicht. »Du wirst deiner Mutter immer ähnlicher«, stellt die 33jährige Jenny Erpenbeck fest: »mein Nacken ist ihr Nacken geworden, mein Schweiß ihr Schweiß, mein Brüste ihre Brüste. All das, was ich an ihr gehaßt habe, bin ich geworden. Ich hungere, ich will meine Mutter aus meinem Leib heraushungern, aber mein Körper bleibt sie, bleibt rund und groß, wie er in den letzten Jahren geworden ist, es hilft nichts, ich werde ihr immer ähnlicher, sagen sie. Ich spreche wie sie, als hätte sie mich übergezogen, wäre in meine Haut geschlüpft und spräche aus mir ... Ich huste wie sie, ich lache wie sie, und wenn man mich kränkt, schlage ich mit blinden und dummen Sätzen um mich wie sie. Ich bin alt geworden, damit meine Mutter wieder eine Haut bekommt, in der sie sich breitmachen kann.« Die Mutter symbolisiert für die junge Frau die drohende Verbannung vom Spielfeld der Erotik. Männer haben geredet, um immer dieselben bleiben zu können. Frauen beschwören ihr Altern als Metamorphose. Diese Verwandlung bringt nicht einmal etwas Neues hervor, sie ist ein Rückschritt im Kreislauf der Generationen: Frauen verwandeln sich in jenes »Ewig Weibliche«, das von Männern nur in humoristischer Weise gefeiert und ersehnt, tatsächlich aber tabuisiert wird: in die Mutter. Die Mutter aufersteht in der Tochter, die Tochter geht in die soziale Abseitigkeit des Mütterlichen ein. Das Verhältnis zwischen Jung und Alt ist für Frauen ein ewiger Kreislauf. Die Haltung, die sie dem Alter gegenüber einnehmen, steht im genauen Gegensatz zu der der Männer.

Der Spiegel, den die Kritik der alternden Frau vorhält, erlischt nur für die, die dem fast blinden Auge der Mutter entgegentritt. Monika Maron nimmt das Auge der Mutter selbst zum Spiegel und sieht, nach einem ersten Schrecken, einen Trost: »Am peinlichsten ist mir mein Alter vor meiner Mutter. Sie tut mir leid, weil sie nun so ein altes Kind haben muß. Aber irgendwie wohnt der Natur doch immer auch der Ausgleich inne. Meine Mutter sieht nicht mehr gut, was für sie natürlich sehr unangenehm ist, ihr hoffentlich aber den Anblick ihres alten Kindes gnädig verschönt.« Der Spiegel, den die Gesellschaft der alternden Frau vorhält, verliert seinen Schrecken für die, die dem erblindenden Auge der Mutter entgegentritt. Mängel, und seien sie die des Alterns, will es nicht wahr haben. Das alternde Kind kann das Alter vergessen, wenn die Mutter es anschaut und immer noch schön findet. Alternde Männer befinden sich zur Jugend in einem antagonistischen Verhältnis, Frauen, wenn sie altern, kehren in die Symbiose mit der Mutter zurück. In dieser Symbiose lösen sich die Unterschiede von Jung und Alt auf. Die alternde Frau ist nur das alternde Kind einer alten Mutter.

Frauen finden in der Geschichte keine und in der Gegenwart kaum intellektuelle Vorbilder des Alterns, sondern nur Vorläufer in der genealogischen Linie von Mutter und Großmutter. Sie mögen die Heimkehr zu den Ahninnen als glücklich oder erzwungen erfahren, große alte Frauen (wie es den großen alten Mann gibt), die sie aus dem Naturverband der weiblichen Linie herausführten, kennen sie – bis ins 20. Jahrhundert hinein – nicht. Alt zu werden, kann eine Frau kaum je als Gewinn verbuchen. Würde, Weisheit, Autorität – diese mit Achtung umgebenen und stets wachsenden Tugenden des alten Mannes – stehen ihnen nicht.

Nicht die würdige, sondern die »unwürdige Greisin« konnte daher Brecht als die Revolutionärin bewundern und beschreiben, die den Bann der Natur- und Familienbindung, welcher alte Frauen unterworfen waren, aufbrach, um eine eigene Altersexistenz zu finden. Eine der ersten Biographien über eine emanzipierte Frau ist dieser Text von wenigen Seiten, in denen der Dichter das Leben seiner 72jährigen Großmutter nach dem Tod ihres Gatten schildert. Nun nimmt diese sich die Freiheiten eines jungen, ungebundenen Mannes, besucht das Kino – in den zwanziger Jahren ein für Frauen ohne Begleitung zweifelhaftes Etablissement –, schloß sich einer Art Boheme um einen philosophierenden Schuster an, unternahm kleine Reisen, speiste außer Haus und hatte zur Begleitung eine kleine Hofdame, eine Geistesgestörte von plebejischer Herkunft. Wenn Frauen zweierlei Gewand im Laufe ihres Lebens tragen, ein jugendliches und ein Alterskleid, so zog diese »unwürdige Greisin« wieder ihr Jugendkleid an: »Genau betrachtet lebte sie hintereinander zwei Leben. Das eine, erste, als Tochter, als Frau und als Mutter, und das zweite einfach als Frau B., eine alleinstehende Person ohne Verpflichtungen und mit bescheidenen, aber ausreichenden Mitteln. Das erste Leben dauerte etwa sechs Jahrzehnte, das zweite nicht mehr als zwei Jahre.«

Familie und Freunde zeigten sich empört über diese würdelose Existenz, der fortschrittliche Enkel erkannte darin die Zukunft der Frau. Eine Notiz zu den »Kalendergeschichten«, in die Brecht den Text aufnehmen wollte, lautet: »Die Schule der Freiheit und Welteroberung – Die unwürdige Greisin – (echter Freiheitskampf)«.

Die Witwenschaft erwies sich für manche Frau als Chance einer zweiten Jugend. Zur Zeit von Brechts Großmutter gingen Frauen diesen Weg meist noch in den Fußstapfen ihrer berühmten Männer, deren Werke sie edierten, von deren Ruhm, von deren Freundschaften sie zehrten. Aus solch dienender Stellung entwickelte sich aber nicht selten eine eigenständige Tätigkeit. Viktoria von England, die königliche Witwe, machte sich zur Priesterin eines Gattenkultes, indem sie ihrem verstorbenen Prinzen Albert Büsten, Denkmale, Gemälde, Museen, spezielle Trauerbroschen weihte und England so sehr »albertisierte«, daß der sterbende Disraeli sie, als sie bei ihm vorgelassen werden wollte, nicht mehr empfing. »Lieber nicht«, wehrte er ab, »sie würde mir doch nur eine Botschaft für Albert mitgeben.« Aus dieser überwältigenden Trauer aber wurde sie als Schriftstellerin wiedergeboren, die der Nation die »Blätter aus dem Tagebuch meines Lebens im Hochland« übergab, ein Buch, das ein großer Erfolg wurde und dem sie eine illustrierte Ausgabe mit Bildern von Menschen des Hochlands und des Prinzen Albert folgen ließ.

Zu einem zweiten Leben erblühte auch Bettina Brentano, obwohl die Nachwelt sich nur um ihr erstes im Kreis bedeutender Männer, der Romantiker und Goethes, gekümmert hat. Sie ist eine der wenigen Frauen des 19. Jahrhunderts, die nach dem Tod ihres Gatten – Achim von Arnim starb 1831 – männliche Freiheiten für sich beanspruchte. Als Vorbild für die Existenz einer Frau im Alter kann sie dennoch nicht gelten, weil in jener Zeit und in ihrer Umgebung ihre Kühnheit nur als Zerrbild der Männlichkeit erschien. Vor allem der Versuch, das Verhältnis »alter Mann – Mädchen«, diese ideale Entspannung zwischen Alter und Jugend, Erfahrung und Naivität, Todesangst und Lebensmut, in ein Verhältnis »alte Frau – Jüngling« umzudeuten, machte sie zu ihrer Zeit schon lächerlich und vor der Nachwelt erst recht, die ihre schwärmerischen Liebesbriefe an junge Männer zu lesen bekam. Abgewiesen mit ihren erotischen Wünschen von den Jünglingen, mit einer durch Tradition verbürgten Sprache nicht versehen, verstieg sie sich nicht selten in blühenden Kitsch: »Ich bin ein Baum, der Jünglingsblüten trägt«, schrieb sie 1839 an Julius Döring, und sie hatte nicht einmal unrecht. Da ihr nicht, wie heutigen Witwen, Forschungsinstitute und Universitäten die Edition der Werke ihres Gatten Achim von Arnim abnahmen, versammelte sie selbst eine Akademie junger Männer um sich, die ihr halfen: Nathusius erledigte die Korrektur der zweiten Auflage ihres Goethebuches, Döring half die Schriften Arnims zu edieren, Max Ring begleitete sie in die Armenkolonien des Vogtlandes, Alvensleben übernahm die Verhandlungen für das Armenbuch mit dem Verlag. Von der verschrobenen Liebhaberin junger Männer entwickelte sie sich zur Mentorin, der die Studenten, denen sie ihr Günderrode-Buch gewidmet hatte, einen Fackelzug veranstalteten.

Bettina Brentano hat keinen Brecht gefunden, der gegen den Geist ihrer Zeit die Größe, Neuigkeit, Einmaligkeit ihres Lebens erkannt hätte. Sie blieb die unwürdige Greisin, mit der sich auch die nachfolgende Literaturwissenschaft nur ungern oder amüsiert beschäftigte. Was an ihrem Leben in die Zukunft wies, hat man in dieser ihrer Altersbiographie verleugnet. Diese unwürdige Greisin tat nur, was heute jede intelligente alternde Frau gern täte: lieben, denken, schreiben, Reden schwingen, publizieren – eben: frei sein. Heute können Frauen sich dies alles leisten – außer der Liebe, denn, entgegen aller Behauptungen der Presse, ist das Heer der einsamen verlassenen alternden Weiblichkeit groß und wird es bleiben. Es gibt keine alte Venus.

## Bibliographie

Die Zitate werden nicht durch Fußnoten nachgewiesen. Die folgende Bibliographie führt die Werke auf, aus denen zitiert wurde. Die Bibliographie ist durch einige wenige Bücher ergänzt, aus denen keine Zitate aufgenommen wurden, die jedoch als Ausnahmen unter der umfangreichen geriatrischen und erbaulichen Literatur zum Alter Einfluß auf dieses Buch hatten.

Alter als Stigma oder Wie man alt gemacht wird. Hrsg. von Jürgen Hohmeier und Hans-Joachim Pohl. Frankfurt a. M. 1978.
Alter und Alltag. Hrsg. von Gerd Göckenjan und Hans-Joachim von Kondratowitz. Frankfurt 1988.
Alter und Gesellschaft. Hrsg. von Peter Borscheid. Stuttgart 1995.
Jean Améry: Über das Altern. Revolte und Resignation. Stuttgart 1987 (1. Aufl. 1968).
Anthologia Graeca, Bd. IX-XI. Hrsg. von Hermann Beckby. München 1958.
Philippe Ariès: Geschichte des Todes. Übersetzt von Hans-Horst Henschen und Una Pfau. München 1980.
Aristoteles: Politik. Buch II. In: Aristoteles. Werke in deutscher Übersetzung. Hrsg. von Ernst Grummach und Hellmut Flashar. Bd. 9, Teil II. Darmstadt 1991.
Simone de Beauvoir: Das Alter. Essay. Übers. Von Anjuta Aigner-Dünnwald und Ruth Henry. Reinbek 1972.
Gottfried Benn: Altern als Problem für Künstler. In: G.B.: Gesammelte Werke. Hrsg. von Dieter Wellershoff. Bd. 1. Essays, Reden, Vorträge. Wiesbaden 1959.
Noberto Bobbio: Vom Alter – De senectute. Übers. Von Annette Kopetzki. Berlin 1997.
Richard Boeckler, Klaus Dirschauer: Emanzipiertes Alter. Göttingen 1990. S. 23-46.
Peter Borscheid: Geschichte des Alters. 16.-18. Jahrhundert. ( = Studien zur Geschichte des Alltags. Hrsg. von H.J. Teuteberg u. P. Borscheid. Bd. 7,1). Münster 1987.
Bertolt Brecht: Die unwürdige Greisin. In: B.B.: Prosa 3. Große kom-

mentierte Berliner und Frankfurter Ausgabe. Hrsg. von Werner Hecht, Jan Knopf u. a., Bd. 18. Berlin, Weimar, Frankfurt a. M. 1995.
Bettina Brentano: Goethes Briefwechsel mit einem Kinde. In: B. von Arnim: Werke und Briefe. Hrsg. von Gustav Konrad. Bd. 2. Frechen 1959.
A. E. Brinckmann: Spätwerke großer Meister. Frankfurt a. M. 1925.
Erhard Busek: Solidarität der Generationen in schwieriger Zeit. In: Alt und Jung. Spannung und Solidarität zwischen den Generationen. Hrsg. von Lothar Krappmann, Annette Lepenies. Frankfurt a. M., New York 1997.
Pablo Casals: Licht und Schatten auf einem langen Weg. Erinnerungen. Aufgezeichnet von Albert E. Kahn. Frankfurt 1989 (zuerst New York 1970).
Miguel de Cervantes Saavedra: Der eifersüchtige Estremadurer. In M. d. C.: Novellen. Übersetzt von Adalbert Keller und Friedrich Notter. Darmstadt 1967.
Tullius Cicero: Cato maior de senectute – Cato der Ältere über das Alter. Lateinisch/ Deutsch. Übersetzt von Harald Merklin. Stuttgart 1998.
Charles Dickens: The Curiosity Shop. In: The New Oxford Illustrated Dickens. Oxford 1951.
»Einmal und nicht mehr«. Schriftsteller über das Alter. Hrsg. von Thomas Steinfeld. München 2001.
Carolly Erickson: Königin Victoria. Übersetzt von Irmgard Hölscher. Düsseldorf, Zürich 1999.
Françoise Gilot, Carlton Lake: Leben mit Picasso. München 1964.
Jacob Grimm: Rede über das Alter. Gehalten in der Königl. Akademie der Wissenschaften zu Berlin am 26. Januar 1860. In: J.G.: Kleinere Schriften I. Reden und Abhandlungen. Hrsg. von K. Müllenhoff. Hildesheim 1965. (Repr. Nachdruck der Ausgabe Berlin 1864).
Johann Wolfgang Goethe: Wilhelm Meisters Wanderjahre. In: J.W.G.: Sämtliche Werke nach Epochen seines Schaffens. Münchner Ausgabe. Hrsg. von Karl Richter. Bd. 17. Hrsg. von Gonthier-Louis Fink, Gerhart Baumann und Johannes John. München 1991.
Johann Wolfgang Goethe: Chinesisch-deutsche Jahres- und Tageszeiten. In: J.W.G.: Sämtliche Werke nach Epochen seines Schaffens. Münchner Ausgabe. Hrsg. von Karl Richter. Bd. 18,1. Hrsg. von Gisela Henckmann und Dorothea Hölscher-Lohmeyer. München 1997.
Johann Wolfgang Goethe: Westöstlicher Divan. In: J. W. G.: Sämtliche Werke nach Epochen seines Schaffens. Münchner Ausgabe. Hrsg.

von Karl Richter. Bd. 12,1.2. Hrsg. von Karl Richter, Katharina Mommsen, Peter Ludwig. München 1998.

Gerhart Hauptmann: Vor Sonnenuntergang. In: G.H.: Das gesammelte Werk. I. Abt. Bd. 11. (Ausgabe letzter Hand) Berlin 1942.

Heinrich Heine: Die romantische Schule. In: Heinrich Heines sämtliche Werke. Hrsg. von Ernst Elster. Bd. 5. Leipzig o. J.

Hernach. Gottfried Benns Briefe an Ursula Ziebarth. Mit Nachschriften zu diesen Briefen von Ursula Ziebarth. Kommentar von Jochen Meyer. Göttingen 2001.

Hermann Hesse: Mit der Reife wird man immer jünger. Betrachtungen und Gedichte über das Alter. Hrsg. von Volker Michels. Frankfurt a. M. 1990.

Hermann Hesse: Über das Alter. (zuerst 1952). In: H.H.: Gesammelte Schriften. [ohne Hsg.] Frankfurt a. M. 1957. Bd. 7.

Horaz: Epoden. In: H.: Sämtliche Werke. Lateinisch und deutsch. Hrsg. von Hans Färber. München 1964.

Christoph Wilhelm Hufeland: Makrobiotik oder die Kunst, das menschliche Leben zu verlängern. 8. Aufl. Berlin 1860 (zuerst 1796).

Victor Hugo: L'Art d'être Grand-Père. Paris 1985 [zuerst erschienen 1878].

Henrik Ibsen: Schauspiele. Übersetzt von Hans Egon Gerlach. Hamburg 1977.

Susanne Kayser: Ältere Menschen als Zielgruppe der Werbung. In: Media Perspektiven 1996.

Liebesbriefe eines alten Kavaliers. Briefwechsel des Fürsten Pückler mit Ada von Treskow. Hrsg. von Werner Deetjen. Berlin 1938.

Karl Robert Mandelkow: Goethe in Deutschland. Rezeptionsgeschichte eines Klassikers. Bd. 1. 1773-1918. München 1980.

Thomas Mann: Goethe und Tolstoi. Fragmente zum Problem der Humanität. In: T.M.: Leiden und Größe der Meister. Gesammelte Werke in Einzelbänden. Frankfurter Ausgabe. Hsg. von Peter de Mendelssohn. Frankfurt a. M. 1982.

Thomas Mann: Der alte Fontane. In: T.M.: Leiden und Größe der Meister. In: Gesammelte Werke. Frankfurter Ausgabe. Hrsg. von Peter de Mendelssohn. Frankfurt a. M. 1982.

Michel Montaigne: Über das Alter. In: M. M.: Essais. Ausgew. und übers. Von Herbert Lüthy. Zürich 1985. S. 312-315.

Rita Levi Montalcini: Ich bin ein Baum mit vielen Ästen. Das Alter als Chance. Übersetzt von Christel Till-Galliani. München 2001

Das Moses-Projekt. Über das Altern: Unser Beitrag zur Jahrtausendwende. Frankfurter Allgemeine Zeitung. Feuilleton. Vom 17. 11. 1999 fortlaufend.

Leopold Rosenmayr: Eros und Sexus im Alter. In: Alter und Gesellschaft. Hrsg. von Peter Borscheid. Stuttgart 1995.

Philip Roth: Der menschliche Makel. München 2002.

Arthur Schopenhauer: Vom Unterschied der Lebensalter. In: A.S.: Aphorismen zur Lebensweisheit. In: A.S.: Sämtliche Werke. Hrsg. von Wolfgang von Löhneysen. Bd. 4. Stuttgart, Frankfurt a. M. 1963.

Seneca: Briefe an Lucilius. In: L. Annaeus Seneca: Philosophische Schriften. Hrsg. von Manfred Rosenbach. Bd. 4. Darmstadt 1987.

Solon: Elegien. In: Frühgriechische Lyriker. Teil I: Die frühen Elegiker. Hrsg. von Bruno Snell. Übersetzt von Zhotan Franyó. Berlin 1871.

Frédéric Soret: Zehn Jahre mit Goethe. Erinnerungen an Weimars klassische Zeit 1822-1832. Übersetzt und erläutert von Heinrich Hubert Houben. Leipzig 1929.

Paul Stöcklein: Stil des Alters bei Plato und Goethe. In: P.S.: Wege zum späten Goethe. Darmstadt 1970.

Italo Svevo: Die Novelle vom guten alten Herrn und vom schönen Mädchen (zuerst 1929). Übers. von Piero Rismondo. Frankfurt a. M. 1967

Gerhard Freiherr van Swieten: Rede über die Erhaltung der Gesundheit der Greise. Übers. von Hugo Glaser. Leipzig 1964 (zuerst Wien 1778).

Theophrast: Charaktere. Griechisch und deutsch. Hrsg. und übers. von Dietrich Klose. Stuttgart 1970.

Caja Thimm: Alter – Sprache – Geschlecht. Sprach- und kommunikationswissenschaftliche Perspektiven auf das höhere Lebensalter. Frankfurt a. M./New York 2000.

Marianne Weber: Lebenserinnerungen. Bremen 1948.

## Die Autorin

Hannelore Schlaffer, geboren 1939, war Professorin für Neuere deutsche Literatur an den Universitäten Freiburg (1982-1996) und München (1996-2001) und lebt als Essayistin und Publizistin in Stuttgart. Sie verfaßte Aufsätze und Bücher vor allem zur Literatur der deutschen Klassik und Romantik, z. B. *Wilhelm Meister. Das Ende der Kunst und die Wiederkehr des Mythos* (1980); *Epochen der deutschen Literatur in Bildern. Klassik und Romantik 1770-1830* (1983); *Poetik der Novelle* (1993). Aus ihrer schriftstellerischen Tätigkeit bei Zeitungen und Rundfunkanstalten ging der Band: *Schönheit. Über Sitten und Unsitten unserer Zeit* (1996) hervor.